교회여 일어나라

자립의 꿈을 위하여

미래자립교회 공모전 당선작

교회여 일어나라

자립의 꿈을 위하여

익투스

차례

발간사 7

| PART 1 |

미래자립교회 자립사례
공모전 수기 수상작

1. 시세를 분별한 가장 나다운 교회개척　　　　　12
   명지로교회(부산) 인원진 목사

2. 필요를 채워주는 전도　　　　　　　　　　　　26
   북삼드림교회(구미) 하대성 목사

3. 예수마을 행복마을을 꿈구며　　　　　　　　　34
   새인교회(용인) 이은준 목사

4. 농촌목회와 외국인 근로자 선교 프로젝트　　　44
   석남교회(고창) 주경만 목사

5. 작은 교회를 살리는 지역 사회의 큰 재료들　　56
   세종전하리교회(대전) 박정환 목사

6. 한 걸음 한 걸음씩　　　　　　　　　　　　　66
   인천안디옥교회 조성원 목사

7. 왜 사냐면… 영혼 구원입니다.　　　　　　　　72
   풍성한교회(안산) 김진술 목사

8. 진정한 공동체를 향하여　　　　　　　　　　　80
   하늘가족교회(광주) 김필성 목사

| PART 2 |

미래자립교회 자립사례
사례발표작

1. 지역과 함께하는 교회의 아름다운 성장　　94
   버드내삼일교회(수원) 조태수 목사
2. 작은도서관을 통해 길을 만드시는 하나님　　104
   빛과소금의교회(수원) 이인권 목사
3. 교회를 안 떠나는 이유　　114
   세종참된교회 천태일 목사
4. 소풍 한번 오세요!　　122
   소풍교회(익산) 진병곤 목사

발간사

　미래자립교회가 어떻게 하면 자립할 수 있을까! 이 고민은 믿는 모든 성도들의 고민이자 우리 교단의 당면한 문제가 아닐 수 없습니다. 교단 산하 1만 1천 여 교회 중 절반에 가까운 교회가 미자립 상태에 있는 이 때 교회를 든든히 세우고자 고군분투하는 총회미래자립 개발원의 한 사람으로서 큰 부담이 되는 것이 사실입니다. 어떻게 하면 교회가 자립할 수 있을까요? 단순한 문제는 아니지만 문제에는 반드시 답이 있듯이 자립의 방법 또한 있으리라 믿고 다양하게 미래자립 교회의 사역을 돕는 실제적인 방법을 시도하고 있습니다.

　그동안 교회자립개발원에서는 생활비 지원과 학자금 지원 등 재정적인 복지지원을 지속적으로 해 왔습니다. 이 사역들과 더불어 장기적으로는 자립하는 모델교회의 아이디어를 공모해 미래자립 교회를 선도해 나갈 필요가 있다고 생각되어 사례공모를 하게 되었습니다. 물고기를 제공하는 것도 중요하지만 물고기 잡는 법을 알려주는 것이 더 필요하고, 물고기를 잡아서 남 주는 것 또한 필요합니다. 그러려면 사람을 키워야 합니다. 사람을 키우려면 기본 바탕이 중요합니다. 그래서 3P 운동을 강조했습니다. 3P 운동은 말씀, 기도, 전도의 운동입니다. 목회자가 적어도 하루에 3시간씩 하면 3년 안에 반드시 자립할 것입니다.

자립교회 모델은 선교현장에서 찾을 수 있습니다. 제가 섬기는 운화교회에서 인도 선교를 30년 동안 하면서 처음 20년은 재정을 쏟아 부었지만 자립되지 않았습니다. 신학교와 교회당 건축에 재정을 부었지만 자립되지 않았습니다. 10년간 사람을 세우는 선교에 집중했을 때 한 현지인 선교사를 통해 1,300명 제자, 1,000여 교회를 세우는 놀라운 일이 일어났습니다.

선교의 현장에서도 경험했듯이 미래자립교회가 자립하려면 무엇보다 사람을 세워야 합니다. 제자들을 배가하면 자립이 됩니다. 예수님과 사도바울의 모델 또한 사람을 세우는 것이었습니다. 배가하는 제자를 세우는 것입니다. 섬기고 나누어 토양을 만들고 전도하며 제자를 세우면 교회는 세워집니다. 목회자가 예수 그리스도의 은혜 속에서 강해져 권능을 받고 충성된 사람에게 집중하면 충성된 사람이 또 다른 사람을 제자 삼아 자립하게 됩니다.

　우리 합동교단에서 미래자립교회들을 대상으로 자립모델교회에 대한 아이디어를 공모했습니다. 영적으로 세워지며 지역사회를 세우고 다음세대를 세우는 미래자립교회의 아름다운 모델이 될 수 있는 아이디어를 모아 보았습니다. 이 사례집을 통해 미래에 자립을 꿈꾸는 미래자립교회에 도전이 되고 함께 자립되어가는 역사가 있기를 기대해 봅니다. 사람을 세우면 자립합니다. 제자를 세우면 자립합니다. 모든 미래자립교회들이 자립하기를 간절히 기대합니다.

총회교회자립개발원 이사장
이현국 목사

PART 1

미래자립교회 자립사례
공모전 수기 수상작

01 명지로교회(부산) | 12
02 북삼드림교회(구미) | 26
03 새인교회(용인) | 34
04 석남교회(고창) | 44
05 세종전하리교회(대전) | 56
06 인천안디옥교회(인천) | 66
07 풍성한교회(안산) | 72
08 하늘가족교회(광주) | 180

01

명지로교회(부산)

시세를 분별한
가장 나다운 교회개척

인원진 목사

개척한 지 4년 10개월 된 명지로교회는 부산시의 동서 균형발전 일환 가운데 서부산 지역에 조성되고 있는 명지국제 신도시(1단계)에 위치하고 있습니다. 현재 2,000년도에 조성된 명지오션시티를 포함해서 약 8만 3천 여 명이 거주하고 있으며, 향후 명지국제 신도시(2단계), 에코델타시티까지 포함하면 약 18만 명까지 바라보는 3040세대가 많이 살고 있는 젊은 지역입니다.

부산(釜山)은 한자에서도 알 수 있듯이 바다와 인접한 경사지가 심한 산이 많은 지역입니다. 하지만 명지로교회가 있는 명지국제신도시는 낙동강을 끼고 과거 넓은 김해평야지대에 조성된 곳으로 부산에서 보기 드물게 젊은이들이 유모차를 끌고 다니기 좋은 평지입니다. 그래서인지 명지로교회가 있는 부산광역시 강서구 명지1동의 평균 연령은 2024년 2월 통계로 35.6세(남자 35.4세, 여자 35.8세)입니다. 안산동산교회, 서울오륜교회, 부산수영로교회에서 11년 동안 다음세대를 경험한 후 제가 명지국제신도시에 교회를 개척한 이유가 여기에 있습니다.

가장 먼저 지역을 분석하고, 나를 분석한 후 젊은 세대가 많은 지역에 교회를 개척하고 싶었습니다. 왜냐하면 나에게 맞는 지역에 교회를 개척해야 즐겁고 행복하게 사역하는 것은 물론이고, 잘 할 수 있는 사역 경험 가운데 영혼 구원의 열매를 기대할 수 있을 것이라고 생각했기 때문입니다.

나에게 맞는 지역을 찾아 전략적으로 교회개척을 시작하는 것이 매우 중요한 것 같습니다. 한 번 정한 지역은 쉽게 옮길 수 없고, 잘못 정하면 5년 아니면 10년 이상의 시간을 허비하고 다른 지역으로 이동해야 하기 때문입니다.

교회개척에 대한 부르심은 5년 전 부산 수영로교회에서 중등부 팀장으로 섬기는 가운데 새벽기도를 하는 중에 일어났습니다. 여호수아 17장 14~18절의 말씀이었습니다. 비록 가나안 땅에 철병거로 무장한 모든 족속이 있을지라도 "네가 스스로 개척하라"는 하나님의 분명한 부르심이 있었습니다. 아내도 이사야 60장 22절의 "그 작은 자가 천 명을 이루겠고 그 약한 자가 강국을 이룰 것이라 때가 되면 나 여호와가 속히 이루리라"는 교회개척에 대한 분명한 부르심을 함께 경험할 수 있었습니다.

교회개척에서 흔들리지 않는 하나님의 부르심은 무엇보다 중요합니다. 왜냐하면 수많은 흔들릴 수 있는 상황들을 만나기 때문입니다.

교회개척을 하며 가장 먼저 "지역언어를 분석하라"는 의미로 선교전략을 고민했습니다. 각 지역마다 선교전략을 세울 수 있는 지역언어가 존재하기 때문입니다. 저는 자녀를 둔 젊은 3040 부부를 주요 사역대상으로 삼았습니다. 명지로교회가 있는 명지국제신도

전도축제때 새가족을 환영하는 모습

시는 부산에서 찾아보기 힘든 평지 지역으로 가장 흔히 볼 수 있는 모습이 유모차를 끌고 다니는 젊은 3040 부부들의 모습이기 때문입니다. 명지국제시도시는 총17개 아파트 단지, 1만 6,105세대가 있는 지역에 4개의 초등학교가 있는데, 각 초등학교마다 과밀학급이 있을 정도로 다음세대가 많은 지역입니다.

제가 세운 교회개척의 원리는 3단계로 ①영성, ②성품, ③전략입니다. 무엇보다 하나님과의 영적인 관계를 예수 그리스도의 십자가 가운데 붙들기를 원했고, 눈물과 아픔이 많은 현대인들을 전도하기 위해서 예수님의 따뜻한 성품으로 다가가기를 소망했으며, 다음세대 사역 경험이 많은 것을 바탕으로 3040이 많은 지역전도를 하기 원했기 때문입니다.

첫째로 가장 먼저 하나님과의 관계인 영성을 붙들기 위해 매주 목요일마다 김해에 위치한 무척산에 올라가 산기도를 하기 시작했습니다. 또한 개척교회가 매일 새벽기도회를 감당하기 힘들지만 성실하게 지켜가고 있으며 매주 수요예배와 금요철야를 하고 있습니다. 의외로 교회를 찾은 새가족 가운데 새벽기도회를 하지 않는 개척교회가 대부분이어서 새벽기도회를 찾다가 명지로교회에 정착하게 되었다는 이야기를 많이 들었습니다. 교회를 개척할 때 하나님과의 관계에서 오는 자신감, 즉 영성이 무엇보다 중요하다는 점을 첫 번째로 나누고 싶습니다.

두 번째는 성품입니다. 현대인의 특징으로 "눈물의 고개를 넘는, 상처 많은 세대"라는 표현이 있습니다. 개척교회에 등록하는 성도들 역시 이런 시대적 분위기를 반영하고 있습니다. 개척교회에 등록한 성도들을 정말 십자가에 달리신 예수님의 목자 되심의 심정으로 목양하는 마음이 무엇보다 중요함을 기억해야 합니다. 설교와 양육이 아무리 탁월해도 성품이 뒷받침되지 않아서 작게나마 찾아온 성도들을 눈물로 떠나보내는 주변 개척교회 목사님들의 소식을 적지 않게 들었습니다. 한 번 악수를 나눌 때도 마음을 담아서 나눌 수 있어야 합니다. 문자 하나를 보낼 때도 형식적인 내용이 아닌 마음을 담아서 보내야 합니다. 성경의 진리가 아니라면, 모든 것을 양보하고 성도들의 필요에 맞추어 준다는 실제적인 사랑의 마음이 담긴 성품의 실천이 매우 중요합니다.

세 번째로 교회개척의 전략부분입니다. 정답을 찾기보다, 정답을 찾아가는 과정 가운데 많은 것들을 믿음으로 시도해 보라는 것입니다. 교회를 개척하며 중학생들에게 컵라면과 고기를 사주고, 놀아주기도 하고, 길거리 버스킹, 노방전도, 아파트 전도, 아파트 단지 거울 홍보물 전도 등 많은 사역들을 시도해 보며, 지금 명지로교회에 맞는 전도 전략을 찾아가게 되었습니다. 아무것도 하지 않으면 아무 일도 일어나지 않지만, 믿음으로 시도하면 실행 가운데 실패를 하더라도, 그 방법이 아닌 다른 전도 전략을 찾게 되는 과정임을 기억해야 합니다. 계속 시도하는 복음 전도의 열정이 식지 않는 개척교회 목사님들은 어느 순간에 교회가 점점 세워져 간다는 소식을 자주 듣고 있습니다.

'이거다'를 찾아야 한다

많은 믿음의 시도 가운데 명지로교회가 찾은 '이거다!'라는 사역들이 있습니다. 홈페이지를 방문한 분들이 참여할 수 있는 반응형으로 만든 것입니다. 명지로교회 홈페이지를 통해서, 새가족이 등록할 수 있고, 중보기도 요청을 남길 수 있고, 상담 신청을 남길 수 있게 하였습니다. 교회의 홈페이지는 웹사이트에서 교회의 얼굴과도 같다는 것을 기억하고, 비용이 좀 더 들더라도 검색이 잘 되고, 보기 좋게 잘 만들어야 합니다. 새가족 등록과 중보기도 요청, 상담 신청을 통해서 4년 10개월 동안 새가족 3명, 중보기도 11건, 상담 신청 2건이 있었습니다. 결코 적은 숫자가 아니라는 생각이 듭니다.

토요어린이예배를 시작했습니다

젊은 부부가 많은 명지국제신도시에서 주요 타깃이 되는 3040 자녀를 둔 젊은 부부를 사역대상으로 전도를 하는 중 알게 되었습니다. 자녀를 둔 3040 젊은 가정은 자녀의 사회성 개발과 자녀교육에 신자는 물론이고 불신자들까지 큰 관심을 보였습니다. 어릴 때 한 번이라도 교회를 다녀보았던 가나안 성도들은 특히 큰 관심 가운데 자녀교육을 위해서 교회를 찾는 경우가 많았습니다. 저의 경험을 보면 명지국제신도시에 이사를 와서 가까운 교회를 찾아오는 연령대는 젊은 자녀를 둔 3040가정이 확연하게 많았습니다. 그래서 매주 토요일 어린이예배를 진행하며, 교육이 잘 이루어지는 교회라는 점을 알리며 불신자들도 초청해 나가고 있습니다.

토요어린이예배에 프로그램을 만들었습니다

11년 동안 다음세대 사역 경험이 있는 저에게는 다양한 프로그램을 채우는 것이 그리 어렵지 않았습니다. 성품학교, 창조과학캠프, 복음 버블쇼, 에어바운스 놀이방, 클래식 키즈 콘서트, 할렐루

명지로교회 토요 어린이 예배에 아이들과 부모님이 함께 참여하여
다양하게 프로그램을 진행하는 모습

야 데이(할로윈데이 반대), 여름성경학교 등을 토요일에 3040 젊은 가정 어린이를 초청하여 진행하였습니다. 그 결과 젊은 가정이 교회를 많이 방문하게 되었고, 주일예배도 대형교회와 다르지 않게 교육관을 준비해서 어린자녀를 주일학교 교육관에 맡기고, 어른 예배에 편하게 참여하도록 하였습니다. 그 결과 젊은 3040 자녀를 둔 부부가 교회에 등록하기 시작했습니다. 토요어린이예배는 물론이고 다음세대 교육이 잘 이루어진다는 소문이 명지국제신도시 지역에 퍼지기 시작했습니다.

한 영혼을 향한 마음을 식사 심방으로 실천합니다

코밑이 즐거워야 교회생활이 즐겁다는 표현이 있습니다. 교회는 아버지 하나님 아래 가족 공동체임을 말씀 가운데 붙들었습니다. 개척교회에서 가장 잘 할 수 있는 사역은 적은 숫자의 성도들을 세밀하게 식사심방하며 마음을 나누는 것입니다. 저는 한 달에 한 번 남자 성도님들을 개인적으로 만나 식사 교제를 나눈다는 마음으로 교회를 세워나가고 있습니다. 아무리 멀리 살아도, 세상의 지위가 좋지 않아도, 한 영혼을 향한 마음을 잃지 않고 세밀하게 마음을 나누는 식사심방을 진행하며, 교회가 세워져가고 있습니다.

소그룹의 나눔의 기쁨을 성도들이 누리도록 합니다

교회생활에서 가장 즐거운 시간이 소그룹 나눔의 시간일 것입니다. 대그룹에서 느낄 수 없는 깊은 위로와 교제를 경험할 수 있기 때문입니다. 새가족 교육에서부터 모든 양육 프로그램을 소그룹을 통해 기쁨을 서로 나누도록 준비하여 진행하고 있습니다. 새벽이면 매일성경 큐티집을 앞에 놓고 삼삼오오로 모여 나눔을 갖습니다. 자녀를 둔 어머니들은 MIP어머니 기도일지를 앞에 놓고 짝기도를 나누며 소그룹을 경험합니다. 또한 예수동행훈련, 제자훈련등의 소그룹을 통해 교회를 함께 이끌어갈 리더를 세워나가고 있습니다.

여름몽골단기선교도 2년째 진행하고 있습니다. 7박 8일을 해외에서 함께 지내는 소그룹은 깊은 교제로 하나님 아버지 안에서 가

명지로교회 해외단기선교를 통해
교회가 가족 공동체로 끈끈하게 세워지는 모습

족 공동체로 끈끈하게 세워져 가는 모습을 보게 됩니다. 여름 몽골 단기선교 기간뿐만 아니라 돌아온 이후에도 교회에서 매우 든든한 우군의 역할을 곳곳에서 함께 감당해 주는 모습을 보게 됩니다.

단순지속반복의 집중력을 잃지 마라

명지국제신도시에 수많은 상가들이 문을 닫고 다시 여는 모습을 보게 됩니다. 우리 교회가 있는 상가 1층만 해도 4년 10개월 사이 여섯 번 바뀐 상가도 있습니다. 교회개척은 이런 상가를 개업해서 성공하는 것보다 훨씬 더 어렵다는 것을 기억해야 합니다. 보통 집중력을 갖지 않으면 실패하고 말 것입니다. 새벽기도회를 인도하는 것에서부터, 언제든 교회를 옮길 생각을 갖고 있는 개척교회 성도들의 명단을 앞에 놓고 항상 기도하며 목양하는 마음이 있어야 합니다. 개척교회는 말씀이 무엇보다 좋아야 합니다. 상대적으로 많은 것들을 갖춘 중대형교회는 교회 시스템을 통해 성도들이 잘 떠나지 않습니다. 하지만 개척교회는 그렇지 않습니다. 모든 상황이 잘 갖춰진 대형교회라도 한 사람이 설교하는 것은 개척교회와 동일합니다. 저도 많이 부족하지만, 이는 설교에 목숨을 걸어야 된다는 결론을 붙들게 됩니다.

공간 활용을 유기적으로 해나가야 합니다

대부분 개척교회는 작은 공간에서 몸부림쳐야 하는 사역입니다. 목양에 집중하며, 의자의 줄 간격을 어떻게 놓아야 좋을지, 출입구는 어떻게 만들어야 좋을지, 강단은 어느 정도 넓이로 해야 사역을 문제없이 해 나갈 수 있을지 등을 하루하루 고민하며 바꾸어가며 할 수 있어야 합니다.

예배라는 일반적인 구조를 변형하지 말아야 합니다

개인적인 생각일 수 있지만, 특수사역에 집중하기보다 예배를 중심으로 하는 일반적인 교회구조를 중심에 두고, 다른 특수사역을 해나가는 것이 좋습니다. 무엇보다 교회는 예배가 중심이 되어야 하고, 새가족들도 특별한 사역에 치우친 교회보다 일반적인 예배 중심의 교회를 찾는 경우가 많기 때문입니다.

향후 명지로교회는 명지국제신도시 지역 아파트 상가의 중심에 자리 잡은 가운데 여러 창의적인 사역들을 계획하고 있습니다. 주말에 주로 사용되는 예배시간 외에 상가 공간들을 활용하고 싶어서입니다. 예를 들어 지금 하고 있는 키즈카페, 스터디카페, 풋살장, 공유오피스, 롤러장, 커피숍 등을 주중에 사회적 공간으로 지역사회에 오픈하여 지역 사람들과 소통하며 부흥해 가는 하나님 나라의 확장을 꿈꾸고 있습니다.

전도 부분에서도 다양한 방식으로 시도해 보려고 합니다. 지금 하고 있는 노방전도와 아파트 전도도 계속 진행하겠지만, 길거리 팝콘 전도, 노인과 고아 가정을 섬기는 반찬 전도, 공원 버스킹 전도 등을 준비하고 있습니다.

마지막으로 교회개척은 하나님을 가장 가까이 친밀하게 경험할 수 있는 은혜의 시간이며, 하나님의 영광을 경험하는 시간임을 고백합니다. 인간적인 방법보다 하나님을 붙드는 기쁨의 ①영성에서부터 ②성품과 자신이 가장 잘 할 수 있는 ③전략 가운데 다윗의 "내가 주를 의뢰하고 적진으로 달리며 내 하나님을 의지하고 성벽을 뛰어 넘나이다"(삼하 22:30)라는 고백과 같이 도전한다면, 교회개척 그 자체가 하나님과 함께 하는 큰 축복의 시간이 될 것입니다.

예배중심의 교회를 지향하며, 어린이와 청소년들이 함께 뛰놀 수 있는 공간을 마련해 준다. 함께 공을 차는 모습.

02

북삼드림교회(구미)

필요를 채워주는 전도

하대성 목사

목회적 문제

처음 북삼지역에 개척하게 된 동기는 노년층뿐만 아니라 4050 세대가 많이 거주하고 다음세대를 이어갈 초등학교, 중학교, 고등학교가 다양하게 있어 전도의 최적화된 곳이라 판단되었기 때문입니다. 교회를 중심으로 1km 반경 내에 서희아파트 999세대, 현대아파트 574세대, 숭오화성파크 527세대, 화진금봉타운 400세대, 용우아파트 150세대, 휴먼시아 326세대, 숭오시티타운 151세대, 동부 늘푸른 255세대, 로얄아파트 185세대, 숭오대동 223세대, 화성타운 254세대등 빌라를 제외한 총 4,044세대가 거주하고 있습니다. 북삼지역에 지역민 2만 4천 명이 밀집되어 살고 있다는 것은 매우 큰 장점입니다. 인근 구미 공단의 근로자들이 주거지로 선호하여 젊은 층이 많이 유입되었고, 생산 근로자들이 많다 보니 소득수준은 높지 않지만, 교육에 대한 열의가 있고 구미 지역과 가까워 문화적 혜택도 누릴 수 있는 환경입니다.

문제해결 과정

코로나19 이후 당면한 가장 큰 문제는 전도하기가 너무 어려워졌다는 것입니다. 여전히 교회가 코로나19의 온상지였다는 편견을 버리지 못하고 있으며 이로 인해 많은 지역민이 교회에 발걸음하기를 꺼리고 있는 실정입니다. 그러던 중 지역의 특성상 자녀들을 예체능 학원에 보내기를 부담스러워하는 학부모들의 고충을 듣게 되었고 이 고충을 우리 교회가 해결할 수 있는 방법은 없을지 고민하던 중 교회에 비치된 악기와 탁구를 이용해 무료로 레슨을 해주며 전도에 접촉점을 가지면 어떨까 생각하게 되었습니다. 그러던 중 2023년 10월에 이 지역에 있는 구미상모교회에서 전도용으로 사용하던 붕어빵 차량(다마스)을 기증한다는 소식을 듣고 응모하였고 하나님의 은혜로 선정되어 붕어빵 전도를 시작하게 되었습니다.

붕어빵 전도

붕어빵 전도는 교회에 대한 지역민의 오해와 편견을 깨고 신뢰를 쌓아가기에 좋은 방식입니다. 매주 토요일 2시에는 교회 앞에서 전도지, 전도 물티슈와 함께 붕어빵을 나누고 짧게 복음을 제시합니다. 매주 2회는 찾아가는 전도를 실시합니다. 노인정과 주민센터 앞, 아파트 근처 공원, 학교 앞을 다니며 전도를 하고 있습니다. 고정적인 장소와 시간대를 통해 지역민과 신뢰를 쌓다 보니 처음에는 복음을 제시하면 인상을 쓰던 분들도 이제는 웃으며 반겨주고 있습니다. 특히 노인정에서 쉬고 계시는 어르신들은 자주 와 달라고 요청하기도 합니다. 이를 통해서 우리는 복음을 전하지만 그 길을 인도하시는 분은 하나님이심을 고백하게 됩니다.

악기 전도

우리 교회를 섬기는 성도 중 악기를 다루는 성도님들의 지원으로 음악을 전도의 접점으로 삼고 음악전도를 시행하고 있습니다. 교회의 바이올린, 오카리나, 통기타, 베이스 기타, 드럼, 신디를 활용

교회에서 악기를 배우며 독서하는 북삼드림교회 학생들의 모습

하여 주 1회 토요일에 레슨을 진행하고 있습니다. 아파트에 회원모집 공고를 내고 모집을 하고 있으며 특이한 것은 단서조항에 레슨비 무료와 회원 가입 시 성경 통독 1시간이라는 조항이 삽입되어 있습니다. 레슨을 무료로 하지만 레슨에 앞서 성경을 1시간 읽고 진행합니다. 레슨 후에는 간식도 무료로 제공합니다. 레슨비 무료라는 조항이 성경을 1시간 읽어야 하는 정도의 조항은 눈에 들어오지 않는것 같습니다. 성경을 1시간 읽히는 것은 가장 좋은 전도효과라고 생각합니다. 이것은 교회가 학원이 되어서는 안 된다는 취지이기도 합니다. 레슨을 하며 교회 음악을 가르치고 찬양도 함께 부르고 있는데 스스럼없이 스스로 찬양을 부르고 있다는 사실에 놀라

게 됩니다. 레슨받는 아이들은 레슨 후 간식 타임이 가장 행복하다고 말합니다. 떡볶이, 핫도그, 때로는 피자, 치킨등의 간식을 먹으며 여러 이야기를 귀기울여 들어주게 됩니다. 그러면서 자연스럽게 복음을 전하고 신앙교육을 하며 교회에 대한 궁금증을 푸는 시간이 됩니다. 성경 통독은 전도뿐만 아니라 성도들에게도 큰 도전이 되고 있습니다. 이것을 계기로 전도 대상자보다 성경을 더 많이 읽어야 한다고 일주일 중 금요일을 제외한 매일 밤 8시 30분에 모여 10시까지 성경 통독을 하게 된 일은 정말 귀한 열매라고 생각합니다.

탁구를 통한 전도

저는 초등학교 6학년부터 고등학교 3학년까지 탁구 선수 생활을 했습니다. 사고로 그만두게 되었지만 모든 것이 하나님의 계획인 줄 믿고 있습니다. 목회자로서 과거 탁구 선수였다는 것은 전도하기에 매우 좋은 달란트라고 생각합니다. 레슨은 초, 중급은 주 2회 (월, 목) 실시하고 있고, 고급은 주 1회 토요일에 진행하고 있습니다. 처음 회원을 모집할 때 악기 전도와 같이 무료 레슨에 성경 통독 1시간이라는 단서조항을 넣었습니다. 목사가 선수 출신이라는 사실을 알고 있는 동호인들 연락이 왔지만 성경 통독 1시간이라는 조항에 레슨 받기를 포기하는 경우가 많았습니다. 그러던 중 10년째 3부를 치고 있는 분에게서 연락이 왔습니다. 3부에서 2부로 올라갈 수 있다면 성경 일독을 하겠다는 다짐을 받고 레슨을 시작하게 되었습니다. 레슨 전 성경 통독을 1시간 하고 30~40분 레슨하는 방

탁구 치는 법을 가르쳐주고, 청소년들과 함께 시간과 장소를 공유한다.

식으로 시작해서 지금은 실력도 조금씩 성장하고 있지만, 성경통독을 통해 가지게 된 의문들에 대해 가르치며 영적으로도 조금씩 성장해 가고 있음을 느끼고 있습니다. 조만간 소문과 결과물이 나타나면 믿지 않는 많은 동호인들에게 좋은 소문으로 전해질 거라고 믿습니다. 현재는 초, 중, 고 학생들도 등록해서 레슨 중에 있습니다. 아이들은 탁구 치는 것도 좋아하지만 간식 시간을 더욱 좋아합니다. 처음 성경을 읽을 때는 더듬거리며 잘 읽지 못하던 아이들이 지금은 쉽게 성경을 읽고 있습니다. 독서에 익숙하지 않던 아이들이 성경읽기로 시작해서 다른 책까지 독서량이 늘어났음은 물론 게임도 잘하게 되었습니다. 무엇보다 주목할 것은 학교에서 인기도 없고 주목받지 못하던 아이들이 이제는 "우리 학교에서 탁구는 제가 제일 잘 쳐요"라고 너스레를 떠는 것을 보니 자신감도 부여된 것 같아 감사하기만 합니다.

당근 마켓을 통한 전도

당근 마켓 전도는 당근 마켓 앱에 무료 나눔 물품을 올려 교회를 찾게 하는 전도입니다. 무겁고 부정적인 교회의 담을 허물고 문턱을 낮추는 방법으로는 방문하게 하는 것이 가장 좋기 때문입니다. 지역 특성상 아이들이 많은 지역이라 어린이 옷을 도매로 여러 장 구입해서 무료 나눔을 하면 가장 좋은 호응을 얻습니다. 물론 성도들의 가정에서 쓰지 않는 의류나 주방용품, 생필품, 식료품 등도 선별하여 활용하고 있습니다. 모든 제품은 1인 1품목 한정이지만 고르는 과정에서 차를 대접하거나 관심사인 자녀 교육이나 또래 관계에 관해 이야기를 나누며 자연스러운 교제를 통해 가까워지고, 두세 번 방문한 지역민에게는 차를 권하며 복음을 제시하고 교회 소개도 하고 있습니다. 전도의 열매가 교회 등록과 연결된다고 생각하지는 않습니다. 때를 얻든지 못 얻든지 최선을 다해 복음을 전하는 것이 전도의 가장 큰 열매라고 확신합니다.

깨달음과 간증

전도는 주님께서 우리에게 명하신 지상 최대명령입니다. 때를 얻든지 못 얻든지 전도는 필수적으로 해야 할 우리의 과제요 사명입니다. 우리 교회의 전도 방식이 모든 교회에 적용되어 좋은 열매를 맺기는 힘들다고 생각합니다. 하지만 우리 교회를 통해 만났던 지역민들(초, 중, 고학생 포함)의 이야기를 들어보면 "교회는 이상한 사람들이 모여 있는 곳이라고 생각했는데, 와보니 너무 따뜻하게 잘해주신다"라고 이야기 합니다. 그만큼 교회가 지역민과 소통하지 못했고 섬김, 배려, 나눔의 사역을 감당하지 못했기 때문으로 생각됩니다. 한결같은 섬김과 나눔, 배려를 통해 이제는 지역민들의 오해와 편견을 조금씩 벗겨내고 있으며, 함께 전도하고 있는 우리 성도들에게도 비전과 도전을 심어주게 되었습니다. 교회는 지역과 상생해야 합니다. 지역이 어려우면 교회가 위로자가 되어야 하고, 지역이 필요로 하는 것이 있으면, 머리를 맞대고 교회에서 할 수 있는 일이 무엇인지 고민하고 방법을 모색해 보아야 합니다. 우리 교회의 전도 방법은 지역민의 특성을 고려하고 필요를 채워주는 방안을 찾는 것입니다. 단, 아쉬움이 있다면 아직 성도가 많지 않아 섬김이나 전도단을 꾸리는 일에 적잖은 애로사항이 있습니다. 그래서 날마다 함께 섬길 수 있는 일꾼을 보내달라고 기도 하고 있습니다. 전도하며 물질과 환경의 어려움을 겪었으나 하나님께서 교회자립개발원을 통해 단번에 문제를 해결해 주신 것처럼 하나님의 일을 하는 교회는 하나님께서 필요를 채우실 것이라 확신합니다. 지금은 처음이라 눈으로 보이는 결실이 많지 않지만, 열심히 순종하다 보면 하나님의 때에 가장 좋은 열매로 보응하실 것을 믿습니다.

03

새인교회(용인)

예수마을
행복마을을 꿈꾸며

이은준 목사

시작하는 글

글을 시작하며 여러분과 꼭 나누고 싶은 이야기가 있습니다. 교회에 나이가 87세 되신 여 집사님 한 분이 계십니다. 3~4년 전에 예수님을 믿으신 분인데 작년 어느 날 상담할 내용이 있다고 찾아오셨습니다. 앉으시더니 눈물을 흘리며 이야기를 들려주셨습니다. 아이 둘을 데리고 어렵게 살던 시절, 돈이 필요해 이웃집 아주머니 두 분에게 돈을 빌렸는데 어쩌다 보니 그 돈을 갚지 못하고 그곳을 떠나게 되었답니다. 그렇게 잊고 있었는데 예수님을 믿고 보니 그 일이 생각나 괴로워 견딜 수가 없는 것입니다. 돈을 갚기 위해 수소문을 했으나 찾을 수가 없었습니다.

결국 기도 끝에 그 돈을 이자를 합해서 하나님께 드리면 하나님께서 용서해 주시지 않겠느냐고 생각하신 것입니다. 그러면서 저에게 100만 원을 내미시는 겁니다. 그리고 1년이 지난 어느 날 또 찾아오셨습니다. 1년 전 바로 그 이야기였습니다. 한 분에 대한 것은 작년에 그렇게 하나님께 드렸고, 또 한 분에 대해서도 해결하려고 한다면서 100만 원을 내미시는 겁니다. 이분은 재산이 있는 분도 아닙니다. 하지만 어떻게 해서든 말씀대로 살아보려고 애쓰시는 집사님을 보면서 전도에 대한 한 영혼의 소중함과 가치를 깨달았습니다.

지금부터 그 동안 실천했던 사례를 중심으로 준비한 내용을 함께 나누겠습니다. 본 내용은 청소년, 장년, 외국인의 전도 중심으로 말씀드리고자 합니다. 나누고자 하는 순서는 먼저 목회 환경에 대해 분석해 보겠습니다. 지역 환경은 어떠한지, 설립 과정은 어떠했는지를 말씀드리고 다음으로 대상별로 분석을 한 후 제가 그동안 사역해 왔던 전도사역의 예를 말씀드리겠습니다. 이어 각 대상별 미래 프로젝트 전략은 무엇인지를 말씀드리겠습니다. 마지막으로 꼭 나누고 싶은 개인적인 세 가지 사역 정신을 끝으로 준비한 내용을 마무리하겠습니다.

목회환경분석

인구통계를 보면 용인 전체 인구는 1,095,032명(2023년 10월 기준, 용인시 홈페이지)이며, 교회가 속한 처인구는 273,270명이(23년 10월 기준)거주하고 있습니다. 또한 이동읍의 인구는 20,113명이고 우리가 속해 있는 천리지역은 10,532명입니다(2023 처인구청 통계). 교회가 위치한 마을은 약 400여 가구가 살고 있습니다. 면적으로는 처인구가 용인시 3개 구 중에 가장 크지만 개발은 가장 덜 된 지역입니다(얼마 전 이 지역이 SK하이닉스와 삼성 반도체 단지 조성을 앞두고 이동읍 신도시로 발표가 났음).

기흥구나 수지구 등은 아파트 비율이 각각 75%, 82% 이상을 차지하고 있으나 처인구는 단독이나 다가구 비율이 61% 이상을 차지하고 있습니다. 물론 이런 통계가 경제 수준을 결정하는 절대 기준은 될 수 없으나 어느 정도 유추해 볼 수 있습니다. 특별히 이동읍은 한 부모 가정과 맞벌이 가정이 많습니다. 그러다 보니 아이들의 교육열이나 관심도가 높지 않은 편입니다. 교회가 위치한 곳에서 1

킬로미터 정도 떨어진 곳에 초등학교가 두 곳, 중학교가 한 곳 있습니다. 교회 바로 뒤편에는 1890년에 세워진 성당이 있고, 묵리 방향으로 500미터만 올라가면 천주교 성당, 요양원, 수녀원, 미술관 등 천주교 시설들이 온 동네를 차지하고 있습니다. 이곳에 부임한 후 마을의 한 목사님에게 인사하러 갔더니 '참 어려운 곳에 오셨네요' 라는 인사를 건넬 정도였습니다. 전도하면 대부분의 사람들은 천주교 신자임을 밝히며 거부합니다. 하지만 이런 곳에도 구원받을 하나님의 백성들이 있고, 이들에게 복음 전하는 일을 누군가가 꼭 해야 할 사명이라고 생각했습니다.

교회 장소 또한 사람들의 통행량이 많지 않아 사역의 다양성이 제한되어 있습니다. 가장 고민되는 점은 청소년 문제입니다. 등굣길에 학교 앞 전도를 하다 보면 청소년들이 으슥한 곳에 모여 담배를 피는 모습을 쉽게 볼 수 있습니다. 아이들이 비전이 없어 보이고, 게임과 노는 것과 먹는 것이 주 관심사인 것처럼 보입니다. 주목할 것은 이혼하는 가정들이 점점 늘어나고 있다는 것입니다. 우리교회 주일학교 학생 열명 중 이러한 가정들이 네 가정이나 됩니다.

교회설립배경

우리교회가 설립된 과정을 소개드리면, 후임자를 찾는다는 광고를 보고 마음에 감동이 있었습니다. 기도한 후 목사님에게 인테리어 비용으로 2000만 원을 드리고 인수를 받아 개척을 시작하게 되었습니다. 개척 초기에는 기존 성도들이 몇 명 있었으나 결국 한 달이 채 안

되어 다 떠나고 말았습니다. 그야말로 맨 땅에 헤딩하는 기분이었습니다. 저는 평소 아동과 청소년들에 대해 관심이 많은 편이었습니다. 그런데 어느 추운 겨울날 아이들이 1킬로미터 이상의 먼 거리를 눈보라를 맞으며 걸어서 등교하는 모습을 보게 되었습니다. 그래서 시작한 첫 번째 사역이 매일 무료 등교차량 운행이었습니다. 이 사역이 교회 이미지를 바꾸는 계기가 되었습니다. 그전만 해도 마을 사람들은 교회에 대해 좋지 않은 이미지를 갖고 있었습니다. 그러나 날이 갈수록 서서히 사람들의 인식이 바뀌기 시작하더니 좋은 소문이 퍼지기 시작했습니다. 지금은 좋은 관계뿐만 아니라 안 믿는 사람들도 주변에 새인교회를 소개하곤 합니다.

외국인 분석

현재 용인시 외국인 통계는 18,170명으로 집계됩니다(2023년 용인시 통계). 교회에서 2킬로미터 떨어진 곳에 덕성공단이 있고, 교회에서 20분 정도 가면 원삼면에 SK하이닉스 반도체 공단이 조성되고 있습니다. 그리고 몇 년 안에 이동읍과 남사읍 일대에 삼성전자 대단지가 조성됩니다. 이런 추세를 볼 때 앞으로 더 많은 외국인이 유입될 것으로 보입니다.

얼마 전 네팔의 한 자매가 전도되었습니다. 우선 영어 성경책과 찬송가, 그리고 영어로 된 주보, 사도신경, 주기도문 등 맞춤형 자료를 제공하고 있지만 문제는 설교를 알아들을 수 없다는 것입니다. 이를 해소하기 위해 키노트로 설교하면서 영어 자막을 동시에 띄

워 주고 있지만 쉽지 않은 상황입니다.

사역의 전환점

개척된 지 6년 반 정도 된 시점에 10여 명이 모여 예배를 드렸습니다. 그러다 사역의 전환점을 맞게 되었습니다. 그것이 바로 1234 선교회와의 만남입니다. 1234 선교회는 수원노회 소속된 목사님들 몇 분이 중심이 되어 펼치고 있는 사역입니다. 1234 사역이란 이렇습니다. 1=1 시간 운동, 2=2시간 기도, 3=독서와 성경, 설교 준비, 4=4명 이상 전도하기입니다. 현재 자립위원회에서 펼치고 있는 333 사역과 성격이 같습니다. 그리 큰 결과는 아니지만 1년 반 전에 12여 명이 모였던 성도들이 지금은 어린이부 6명, 중고등부 4명, 장년부 30여 명이 모이고 있습니다. 물론 1년 반 전과 지금의 교회 분위기는 많은 차이가 있습니다.

대상별 전도 전략

먼저 청소년부 사역은 주로 토요일을 활용합니다. 짜장면 Day라고 해서 아이들을 교회로 초청하여 성도들이 짜장면 혹은 김치찌개를 맛있게 만들어 제공합니다. 식사를 마치면 아이들에게 복음을 제시하며 즐거운 시간을 갖습니다. 이외에도 떡볶이 Day등을 실시하기도 하고 년 말이 되면 어려운 가정들에게 100만원의 장학금을 준비하여 전달합니다. 토요일에 할 수 있는 또 하나의 좋은 사역은 축구단 운영이라고 생각합니다. 얼마 전 유니폼 등 준비를

지혜로운 아이들이 주최하는 어린이부서 여름 캠프

지역 주민들과 개척교회 나눔을 위한 김장나눔과 사랑바자회

많이 하여 축구단 운영을 시작 했으나 한 부모님의 반대로 현재는 보류 중에 있지만 다시 진행하려고 합니다. 이외에도 준비하고 있는 사역 중 한 가지는 붕어빵 전도입니다. 다소 준비와 재정적 어려움이 예상되지만 아이들을 위한 사역으로 좋은 장점들이 있다는 생각에 준비하고 있습니다.

  이어서 장년부 전략입니다. 제 개인적인 전도 사역을 소개하면 매일 아침 새벽 기도회를 마친 후 6시30이 되면 큰 길 네거리로 나가 전도를 시작합니다. "당신이 더 행복했으면 좋겠습니다." 라는 문구가 적힌 커다란 피켓을 세워 놓고 전도를 시작합니다. 제가 이 전도를 시작하게 된 것은 오고 가는 사람들에게 복음을 전한다는 의미도 있지만 예수님의 행복을 전하고 싶었습니다. 그래서 '당신이 더 행복했으면 좋겠다'는 단순한 생각을 가지고 시작하게 되었습니다. 그 다음에 중점적인 전도 사역은 매주 목요일 7시에 실시하는 출근길 전도입니다. 전도팀이 7시에 나와 생수, 빵, 티슈 등을 정류장, 아파트 입구에서 나누어 드리며 인사를 나눕니다. 다음에는 토요일 오후 2시 노방 전도입니다. 이 전도는 전 교인들이 나와 하는 전도입니다. 마트와 은행, 정류장, 학교 등지에서 개인적 혹은 노방 전도식 전도입니다. 피켓을 들고 있는 피켓팀, 봉사를 하는 봉사팀, 물품과 전도지를 나누며 전도하는 전도팀으로 구성하여 전방위적으로 실시합니다. 이와 함께 나눔의 사역도 하고 있는데요 11월에 김장 나눔, 성탄절에 만두 떡국 나눔, 2월에 식혜 나눔입니다.

이러한 나눔 행사가 상당히 반응이 좋고 효과적은 전도의 접촉점이 되고 있습니다. 아울러 한국 무용 전공하신 집사님이 계셔서 한국 무용을 통해 전도의 접촉점을 만들어 가고 있습니다.

외국인 전도 전략에 대해 말씀드리면 외국인 전도는 쉽지 않음을 느낍니다. 현재는 네팔의 한 가정이 전도되어 함께 하고 있는데요 자매는 거의 한국어를 몰라 한국어 교육 전문 강사를 연결하여 일대일 교육을 받게 하고 있으며, 형제는 한국어가 수준급이어서 저와 함께 하고 있습니다. 공부하던 중 예수님을 영접하게 되었고, 책에 나오는 내용을 신앙적 내용과 연결하면서 하고 있는데 상당히 재미있어 합니다. 앞으로는 자체적으로 성도 한 분을 한국어 교사로 공부하게 할 계획을 가지고 있습니다. 아울러 형제가 다니고 있는 회사에 네팔 형제들이 20명 정도 있는데 그 곳에 네팔 공동체가 세워지길 위해 기도하며 준바하고 있습니다. 또한 6월 바자회가 있는데 바자회가 마치면 옷이나 생활용품 등을 형제가 근무하는 덕성 공단 이주민을 위한 나눔 행사를 진행하려고 합니다. 이 외에도 비자 발급이나 외국인 쉼터 마련, 외국인들 만남의 날 등을 계획하면서 이주민 사역을 위해 기도하며 사역하고 있습니다.

끝나는 글

마지막으로 저의 개인적인 사역 정신 세 가지를 말씀드리고 마치겠습니다. 첫 번째 가장 중요한 정신은 '1234 사역(333 사역)이면 된다.'

입니다. 1234 사역은 현재 함께하고 있는 교회들이 14 교회 정도 되는데 정도의 차이는 있지만 대부분의 교회들이 부흥을 맛보고 있습니다. 이 부분이 제가 가장 힘주어 말씀드리고 싶은 내용입니다.

두 번째는 '장소가 안 좋아도 된다'입니다. 제 마음 한 켠에는 1킬로미터 거리의 번화가로 나가고 싶습니다. 하지만 장소가 좋지 않아도 된다는 것을 경험하고 있습니다.

마지막으로는 '나이가 많아도 된다'입니다. 저는 개척하기에는 나이가 조금 많습니다. 하지만 나이가 있다고 해서 위축되거나 하지 못할 일이 없다고 생각합니다. 모 가수가 나이를 먹어가는 것은 늙어가는 것이 아니라 익어가는 것이라고 노래했듯이, 하나님이 쓰시는 기준은 나이가 많고 적음에 있지 않기 때문입니다. 나이보다 더 중요한 것은 열정입니다. 우리 노회의 존경하는 목사님 한 분이 하신 말씀을 끝으로 마치고자 합니다.

"평신도들은 생활 전선에서 살아보려고 얼마나 피나게 노력하는데 우리 목회자들은 안일하게 사역하고 있지는 않는지 돌아보아야 한다." 감사합니다.

04

석남교회(고창)

농촌목회와
외국인근로자 선교 프로젝트

주경만 목사

고창석남교회 사역현황

고창 석남교회는 서해안 구시포해수욕장 근처에 위치한 작은 농촌교회입니다. 저는 2016년 12월에 석남교회에 부임하여 8년째 교회를 섬기고 있습니다. 마을에서 교회를 나오는 성도의 가정이 한 가정밖에 없었고 전체교인은 약 15명가량 출석하고 있었습니다. 농과대학 원예학과를 졸업하고 꽃을 생산하는 사업을 하던 중에 하나님의 부르심을 받고 목회의 길을 있던 저는 어릴 때부터 농촌교회를 섬겼던 경험이 있어 늘 농촌목회를 하고 싶은 마음이 있었습니다. 농촌의 정서와 문화를 잘 알기에 석남교회에 서 사역하는 일이 그리 어렵지 않을것으로 예상했습니다. 하나님께서 농촌교회를 섬기라고 미리 준비하셨던 것 같습니다. 그러나 농촌교회의 현실은 그리 녹록지 않았습니다. 노령화로 빈집들이 늘어 갔고 가끔 귀농, 귀촌하는 젊은이들이 있지만 지역 공동화를 막기에는 역부족이었습니다. 노령화로 인한 성도들의 감소와 재정 부족은 교회의 성장에 큰 걸림돌이었습니다. 선운사의 영향으로 불교세가 강하고 폐쇄적인 지역정서로 마음을 여는 데 많은 어려움이 있었습니다.

농촌선교팀과 여름수련회팀 유치

여름단기팀과 농촌선교팀을 유치하기 위해 교회에 부임하자마자 교회 수리에 힘을 썼습니다. 20년 된 교회는 수리할 곳이 한두 군데가 아니었습니다. 구 사택을 철거하고 잔디밭을 조성하고, 구 교회는 사택으로 리모델링하였습니다. 본당과 기도실은 비닐타일로

석남교회 전경

바닥공사를 하였고 단열이 약한 알루미늄 창호 안쪽에는 2중으로 샤시를 설치하였고 화장실은 좌변기로 교체하였습니다. 교회 계단 구역은 깨끗하게 페인트칠을 하였고 부족한 샤워실과 화장실은 손수 신축하였습니다. 모든 방에 전기 냉난방기를 설치하였고 본당에는 영상예배를 드리기 위해 85인치 대형 TV를 설치하였습니다, 앰프와 스피커를 새것으로 교체하였고 드럼과 키보드를 사비로 구입하였습니다. 이는 농촌선교팀 유치로 이어져 지역 봉사에 더욱 큰 힘을 얻게 되었습니다. 농활과 마을 벽화그리기, 마을잔치, 의료선교, 미용선교 등을 진행하였습니다. 석남교회는 마을 주민들의 삶으로 조금씩 들어가고 있었습니다. 벽화 그리기는 10개 마을 중에 6개 마을에서 실시하였습니다. 마을 주민들의 착한 이웃 아저씨가 되려고 노력했습니다. 또한 많은 여름수련회팀을 유치하여 장소를 제공하였습니다. 여름수련회는 교회의 재정에도 많은 도움을 주었습니다. 평균 7개 팀이 방문하여 300만원 가량의 수입을 얻게 되었습니다. 수련회팀과 계속 유대관계를 맺어 농촌선교로 다시 오도록 권면하였습니다. 농촌선교를 통하여 농촌지역에 부족한 노동력도 조금이나마 해소시켜 주었습니다.

상하경로대학

사역을 하면서 지역복지에 대한 관심을 갖고 사회복지사 2급 자격증을 취득하였습니다. 2023년부터 상하면 노인복지를 위해 '상하경로대학'을 운영하고 있습니다. 매주 수요일 오전 9~12시에 한글교실, 체조교실, 노래교실, 미술교실, 특강 등 다양한 교육이 이루어지고 있습니다. 현재 50여 명의 학생들이 즐겁게 참여하고 있습니다. 또한 독거노인들을 위해 매주 우유배달도 준비하고 있습니다. 앞으로 지역복지를 위해 다양한 프로그램 운영을 하려고 합니다.

해외선교

제가 부임할 당시 우리 교회는 외부에서 도움만 받는 교회였습니다. 부임하면서 매년 1가정씩 선교사를 후원하기로 작정하였습니다. 매년 후원 선교지를 늘려 현재 해외 선교사 10가정을 선교하고 있습니다. 네팔, 방글라데시, 라오스, 캄보디아, 필리핀, 태국, 일본,

장병들과 함께하는 성찬예배

중국 선교사들을 기도와 물질로 돕고 있습니다. 외부에서 후원받은 헌금은 별도로 관리하여 해외선교사를 돕고 있습니다. 비록 적은 액수이지만 선교의 통로로 쓰임 받고 있습니다.

청년선교의 요람, 군선교

부임 당시부터 35사단 민간인 군선교사로서 구시포 해수욕장에 위치한 자룡중대 에벤에셀교회를 섬겼습니다. 자룡중대는 약 100여 명의 용사들이 고창 서해안 해안경비를 하고 있습니다. 매주 주일 오후 3시에 군대 교회에서 평균 20명의 용사들이 예배를 드리고 있습니다. 절기 때마다 전 장병들에게 삼겹살, 피자와 치킨으로 전도하고 있습니다. 군선교는 청년선교의 중요한 교두보입니다. 한국 교회가 더욱 힘써야 할 과제이기도 합니다.

지역농산물 생산과 판매

부임 초기에 교회 옆에 붙어 있는 약 500평의 농지를 구입하였습니다. 그 농지에 직접 농산물을 생산하고 판매하고 있습니다. 봄에는 밤호박을 재배하여 여름에 출하하고 있습니다. 가을에는 김장배추를 재배하여 겨울에 절임배추로 판매하고 있습니다. 연매출 2,000만원, 순수익으로 1,000만원의 수입을 얻고 있습니다. 미래자립교회는 목회자의 은퇴 후의 노후생활을 책임질 수 없는 상황입니다. 따라서 노후준비를 위해 에메랄드그린, 문그로우, 골든브라반트 등의 조경수를 재배하여 판매하고 있습니다. 농촌사회의 중요한 문제 중 하나가 바로 농산물의 판로 문제입니다. '농산물은 생산하기보다 잘 파는 것이 진짜 실력이다'라는 말이 있습니다. 똑같은 농산물을 직거래 할 경우 도매시장보다 2배 이상 비싸게 팔 수 있습니다. '석남예수마을'밴드(BAND)를 통하여 봄에는 벌꿀, 여름에는 고춧가루, 가을에는 고구마를 판매 대행하여 지역 농산물 소득 증대에 힘을 쏟고 있고 매출액의 10%는 선교비로 적립하여 해외 선교비로 사용하고 있습니다. 이후에는 협동조합을 결성하여 농산물 판매를 더 본격적으로 진행하려고 합니다.

외국인 근로자 프로젝트

외국인 근로자에 대해 관심을 갖고 기도하던 중, 태국 크리스천 가족을 만나게 되었고 주일예배에 나올 것을 권유했습니다. 태국 현지에서 한국 선교사를 통하여 복음을 받고 신앙생활을 했던 그들은 국내에 들어와 일하면서 예배를 드리지 못하는 상태였습니다. 그들은 예배를 몹시 사모하고 있었습니다. 그래서 매주 주일 저녁 7시에 식사와 찬양, 예배로 만남을 이어가고 있다. 현재는 7명이 출석하고 있으며 늘 사모하는 마음으로 나오고 있습니다. 앞으로 다른 나라 외국인 근로자들을 위한 예배도 확대하고자 합니다. 이 태국인 예배는 외국인 근로자 선교 프로젝트의 시작이 되었습니다.

외국인 근로자 선교 프로젝트

외국인 근로자 선교 프로젝트를 기획한 계기

외국인 근로자에 대해 관심을 갖고 기도하던 중, 태국 크리스천 가족을 만나게 되었습니다. 태국 현지에서 한국 선교사를 통하여 복음을 받고 신앙생활을 했던 그들은 국내에 들어와 일하면서 예배를 드리지 못하는 상태였습니다. 그들은 예배를 몹시 사모하고 있었습니다. 그래서 매주 주일 저녁 7시에 식사와 찬양, 예배로 만남을 이어가고 있습니다. 현재는 7명이 출석하고 있으며 늘 사모하는 마음으로 나오고 있습니다. 앞으로 다른 나라 외국인 근로자들을 위한 예배도 확대하려고 합니다. 이 태국인 예배는 외국인 근로자 선교 프로젝트의 시작이 되었습니다.

코로나 시대를 지나면서 농촌의 노동력 수급 문제는 심각한 상황입니다. 근로자가 부족하여 노동 인력을 얻지 못하는 경우도 종종 생기곤 합니다. 동남아 선교와 외국인 예배를 통하여 더 적극적으로 외국인 사역을 하고자 하는 마음이 들었습니다. 현재 많은 외국인 근로자들이 1개월 여행비자로 들어와서 불법으로 체류하며 일을 하고 있습니다. 이제 외국인 근로자 없이는 도시 중소기업과 농촌사회가 유지될 수 없는 상황입니다. 출산율 저하와 생산자의 감소로 외국인 근로자는 필수 요소가 되었습니다. 그러나 외국인 노동자 인력 유입으로 인건비 상승, 범죄, 의료문제 등 많은 문제들도 함께 발생되고 있습니다. 이제 한국 교회가 그들에게 많은 관심을 가져야 할 때입니다. 그들에게 복음을 전하는 것이 가장 효과적인 선교 방법입니다. 이제 외국인 사역은 특정 교회만의 사역이 아닌 모든 한국 교회가 힘써야 할 중요한 사역의 한 부분입니다.

외국인 근로자 선교 프로젝트란

외국인 근로자 프로젝트란 선교지에서 잘 훈련받은 청년들을 E-9(비전문 취업비자)를 받게 하여 농촌교회에서 정착시키고 일을 하게 하는 선교방법입니다. 현재 우리나라는 동남아시아와 중앙아시아 등 16개국과 MOU를 체결하였습니다. 한국은 2024년에 16만 5천 명의 외국인 근로자들을 취업비자로 들여올 예정입니다. 아직도 산업현장에서는 약 70만 명 이상의 노동자가 부족한 상황입니다. 한국 교회가 동남아 국가들의 선교사들과 협력하여 청년들에게 신앙훈련을 시키고 그들에게 한국어를 교육시켜 E-9 비자를 받게 하고 교회는 외국인들이 거주할 주택을 준비하고 일할 수 있는 일자리를 마련합니다. 농촌교회는 협동조합을 통하여 인력사무소를 개업하고 지역 고용센터에 내가 고용하고 싶은 외국인을 지목하여 고용을 신청합니다. 그리고 허가가 떨어지면 국내 입국 절차를 밟게 됩니다. 입국한 외국인들은 지역사회에서 일하고 지역교회에서 신앙생활을 하게 됩니다. 국적과 상관없이 똑같은 성도로서 교회를 섬기게 됩니다.

프로젝트를 진행함에 있어서 어떤 어려움이 있을까요?

첫째, 국내 취업을 허가받는 문제입니다. 취업 허가를 원하는 외국인들이 많아서 경쟁률이 높아 허가받기가 쉽지 않습니다. 그래서 불법으로 들어오는 경우가 많습니다. 석남교회는 비용이 들더라도 행정사의 도움을 받아 외국인 근로자에게 실제적인 도움을 주고자 합니다.

둘째, 외국인 근로자의 직장 이탈 문제입니다. 현재 국내에 들어와 있는 외국인 노동자들은 더 많은 돈을 벌기 위해 직장을 옮깁니다. 최근 외국인들의 무단이탈이 많이 발생하고 있습니다. 선교지에서 신앙으로 훈련되지 않은 사람은 이탈할 가능성이 더 많습니다. 따라서 신앙훈련과 인품교육, 생활복지 향상을 통하여 이탈하지 않도록 교회가 도와야 할 것입니다.

프로젝트는 어떤 긍정적인 효과를 기대할 수 있을까요?

첫째, 미래자립교회의 인원 증가입니다. 외국인 근로자 선교 프로젝트는 농촌교회에 활력을 줄 것입니다. 현재 태국인예배에 7명의 외국인들이 출석하고 있습니다. 고용된 외국인들은 철저히 주일 성수를 시킬 예정입니다. 주일예배를 함께 드림으로 노령화되어 있는 농촌교회에 활기찬 에너지가 공급될 것입니다.

둘째, 해외선교지에 동력을 제공합니다. 외국인 근로자는 4년 10개월의 근로 기간이 끝나면 자국으로 돌아가야 합니다. 그들이 자국으로 돌아갔을 때 현지 교회와 선교사들의 사역에 큰 도움이 될 것입니다. 외국인 근로자가 한국교회에서 훈련받으면 한사람의 선교사로서 엄청난 선교의 동력이 됩니다. 외국인선교 프로젝트는 국내 미래자립교회뿐 만 아니라 해외 선교지에도 파급 효과가 크게 나타날 것으로 전망합니다.

셋째, 다문화 가정 전도에 효과적입니다. 언어가 같은 외국인 근로자를 통하여 다문화 가정에도 유대관계를 갖고 그들을 전도의 동력으로 얻고자 합니다. 한국어 교육과 한국 문화체험, 자녀교육 등의 문제 해결을 통하여 관계를 맺고 복음의 접촉점을 만들 수 있습니다.

앞으로의 계획

앞으로도 지역 사회와 함께하는 사업을 통하여 지역 사회에 공헌할 뿐 아니라 지역 사회를 복음화 하는 데 최선을 다할 것입니다. 지역사회를 전도하는 원칙을 세 가지로 정리합니다.

첫째, 지역민들의 문제를 공유하라. 지역교회는 지역사회의 문제를 함께 공감하고 문제해결에 적극적으로 나서야 합니다. 지역민들을 만날 수 있는 계기가 되며 이는 또한 지역민들의 마음을 열 수 있는 기회가 되기도 합니다. 농촌사회의 가장 큰 문제는 인력수급과 농산물 판매입니다. 이 문제를 교회가 적극 나서서 함께 고민해야 합니다. 석남교회는 인력수급을 위해 외국인 근로자 선교 프로젝트를 준비하고 있다. 또한 지역농산물 판매 대행을 확대해 가고 있습니다.

둘째, 지역민들을 자주 만나는 접촉점을 만들어라. 농업인의 마음을 이해하기 위해 저는 농사를 직접 짓고 있습니다. 농사를 직접 짓지 않고 농업인의 마음을 알 수 없습니다. 농업인들이 가장 민감하게 반응하는 것은 무엇일까요? 바로 날씨입니다. 농사를 짓지 않고는 언제 비가 오는지, 언제 기온이 떨어지는지 알 수 없습니다.

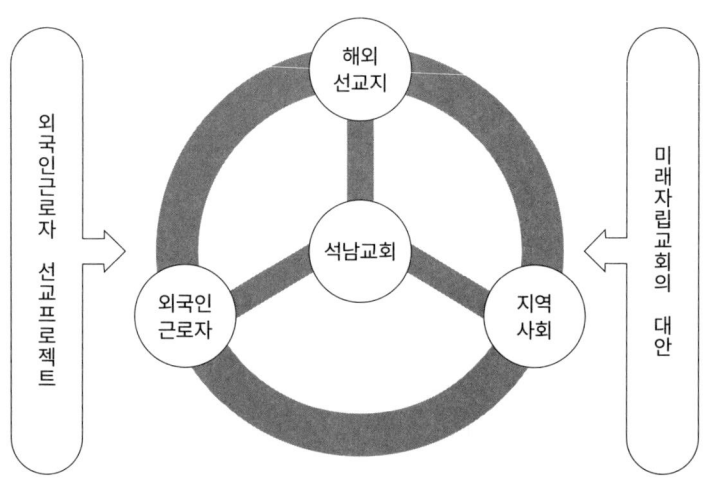

따라서 농업인의 마음을 이해할 수 없습니다. 또한 대화할 공감대를 얻지 못합니다. 지역민들을 자주 만날 수 있는 계기를 만들어야 관계를 좁힐 수 있습니다.

셋째, 지역민과 함께 사업하라. 교회의 자립을 위해 일을 해야 한다면 지역민들과 함께 하면서 자립할 수 있는 방법을 찾아보라. 일거양득의 효과가 있다. 관계개선과 함께 경제 유익을 얻을 수 있습니다. 또한 지역민들에게도 경제적 도움을 줄 수 있습니다.

외국인 근로자 선교 프로젝트를 통하여 도시교회와 농촌교회의 좋은 선교의 모델이 되길 바란다. 미래자립교회와 해외선교지, 지역사회와 외국인 근로자가 상생하는 프로젝트가 되길 바랍니다.

05

세종전하리교회(대전)

작은 교회를 살리는 지역 사회의 큰 재료들

박정환 목사

사역 환경과 위치

세종전하리교회는 북쪽으로 금강이 흐르고 좌우 1킬로미터 반경에는 세종시청과 세종교육청, 세종우체국, 남부경찰서, 세종세무서, 종합터미널과 3개의 주민센터 등의 관공서가 들어선 행정기반의 도시로 중심의 인구는 7,200세대, 3만 2천 명이 살고 있는 아파트 지역에 위치해 있습니다. 교회가 입주한 건물은 1개 층이 500평인 8층 건물로 태권도학원생 250명, 미술학원생 100명, 음악학원생 100명, 줌바댄스 100명, 필라테스 100명, 탁구장과 유소년축구장 등 다중이용시설들로 가득합니다. 1층에는 치킨가게와 식당, 여러 부동산이 있습니다.

세종시에는 두 자녀 또는 세 자녀 가정이 상당히 많습니다. 교회가 위치한 곳은 어린이와 청소년들이 많이 이용하는 건물이기에 청소년 중심의 사역을 해 왔고 또한 앞으로 청소년 사역을 할 저에게는 안성맞춤인 곳이라 생각이 들었습니다. 초등학교 5학년부터 고3 자녀까지 다섯 명을 양육하는 부모이며 목회자로서 청소년들과의 사역은 앞으로도 계속 이어질 것입니다. 따라서 세종전하리교회는 '작은도서관'을 통해 유초등부와 청소년 사역을 시작으로 그들의 부모와 조부모 세대를 아우르는 목회를 열어가고자 합니다.

지역사회 속의 세종전하리교회

세종시의 엄마들은 공무원 및 직장을 다니는 경우가 많습니다. 그래서 학교 수업이 끝나는 3시 이후에 돌봄이 반드시 필요한 상황입니다. 워킹맘들이 많은 지역 특성상 아이들은 학원을 계속 이용하는 상황에 놓여 있습니다. 다행스럽게도 세종전하리교회가 있는 빌딩은 학원이 많이 입주해 있는 빌딩입니다. 그래서 편안한 분위기로 아이들을 맡겨야 하는 엄마들에게 세종 전하리교회는 좋은 평을 듣고 있습니다. 42평의 작은 공간이지만 깨끗하고 조용하며 2,000여 권이 넘는 책을 구비하고 있습니다. 세종은 범죄의 온상이 될 만한 환경들은 상당히 적지만 청소년들이 모여서 놀 만한 장소는 많지 않습니다. 오히려 중장년 계층을 위한 프로그램이 굉장히 활성화되어 있기 때문에 저는 주 사역 대상인 주일학교 아이들과 청소년들에게 목회방향을 맞추고 청소년들이 활동할 수 있는 사역에 집중하여 준비하고 있습니다.

세종전하리교회는 개척을 해서 어린이와 청소년이 절반을 차지하는 교회입니다. 저의 자녀들인 5남매를 비롯하여 초등부 2명과 중고등부 6명, 청년대학 3명 등이 있습니다. 이들을 우리 건물의 태권도장과 축구아카데미, 미술학원, 음악학원으로 파송하고 친구를 사귀게 하는 프로젝트를 하고 있습니다. 사귄 친구들을 2층에 있는 세종전하리교회 부설 '신나는 작은도서관'으로 초청하여 목회자와 교회 일원들과의 접촉점을 잘 만들어 교회로 인도합니다. 작은도서관에서는 슬러시와 각종 음료, 과자를 구비하고 수시로 떡볶이와 붕어빵을 준비하여 어린이와 청소년들을 맞이하고 있습니다. 본당에는 악기들이 구비되어 있습니다. 키보드, 드럼 1세트, 일렉기타 1대, 베이스기타 1대, 어쿠스틱 2대 등 칠 수 있도록 세팅되

학원중심부에 위치한 세종전하리 교회 전경

어 있습니다(레슨가능 - 18세 큰아들은 어쿠스틱기타와 일렉기타 강습, 17세 둘째아들은 드럼강습, 16세 셋째아들은 베이스 강습, 건반은 사모가 담당)

작은도서관을 활용한 다양한 사역

공부방 역할 및 방과 후 활용
 1) 학업 종료를 기다리는 엄마들의 대기 공간 제공
 2) 학교에서 일찍 온 아이들이 숙제를 할 수 있는 책상 제공
 3) 보드게임이 20개 준비되어 있어서 누구든 즐겁게 이용
 4) 화상 입을 걱정 없는 안전한 인덕션으로 떡볶이, 오뎅 등 제공

5) 동아리 모임을 할 수 있도록 프로젝터 2개와 화이트보드 제공

지역 사회 섬김

다양한 촬영에 배경을 제공하는 작은도서관(다수의 배경 스크린 준비, 크로마키 배경 등을 조성)은 친구들, 가족들과 추억사진 촬영 장소를 제공합니다. 다양한 배경 스크린을 준비한다면 주일학생들과 중고등학교 학생들까지 추억사진 촬영을 할 수 있고 특히 요즘은 학생들이 크로마키 배경에서 동영상을 찍어서 다양하게 영상 편집을 하는 상황인데 이런 장소로 제공하고 있습니다.

다문화가정 스몰웨딩 장소로 제공

결혼을 하지 못하고 사는 이주민 가정이 가족사진을 찍도록 돕습니다. 반드시 지역 후원자를 만들어 다문화 가정의 가족사진 또는 스몰웨딩 잔치 후원을 연결하여 후원자에게도 교회의 귀한 사역을 알리고 다문화 가정에도 교회의 역할을 보여 줍니다. 이로 인하여 다문화가정과 가족 등 지인들과 관계를 형성하고 후원하는 지역주민들과도 깊은 유대관계를 맺게 되어 좋은 접촉점을 형성합니다. 주민센터에서 다문화 가정을 위한 가족사진 무료촬영 건을 의뢰하면 복지사들을 통해 연결해 줍니다.

어르신 무료 장수사진 찍기 사업

먼저 장수 사진을 찍어 줄 봉사자들을 주변에서 섭외합니다. 당

청년들이 다양한 악기로 예배를 섬기는 모습

근 마켓에 광고를 올리면 이런 봉사자들이 전화를 해줍니다. 마을 노인정과 주변 어르신들을 만나 장수 사진을 소개하고 작은도서관으로 모십니다. 장수사진을 찍고 교제를 합니다. 교회가 액자를 준비하기보다는 후원자를 만들기 위해 밖으로 나서십시오. 이것이 중요하고 전도의 접촉점이 되어줄 것입니다. 노인정에 방문하여 장수 사진 뿐만 아니라 은혼식 금혼식 등 기념식을 할 수 있도록 소개합니다(공간이 기념식을 할 만한 깨끗한 곳). 좋은 사진사들을 봉사자로 섭외해 두고 무료액자를 지속적으로 공급할 기업들도 섭외하는 것이 좋습니다. 이 섭외하는 과정이 가장 중요한 접촉점이고 전도의 길이 됩니다.

각종 공익 행사 지원

요즘은 교회에 다니고 안 다니고를 떠나서 생명구조나 봉사활동 등의 가치 추구에 시간을 내주는 경향이 있습니다. 저는 '적십자 세종지부 보람동 회원'입니다. 이번에 세종시 교육청이 1월 26일, 대한적십자사 대전·세종·충남혈액원과 함께 "이웃 사랑과 생명 나눔 실천"이라는 부제를 달고 '2024년 제1회 사랑 나눔 헌혈의 날' 행사를 실시했습니다. 혈액 수급을 원활하게 하기 위한 공익적 마케팅을 한 것입니다. 저와 같은 적십자 회원들 몇 명이 협력 전단지를 만들면 됩니다. 회원이 아니라도 가능하겠지만 회원가입을 하는 것도 좋은 선택입니다. 1년에 1만원씩 지로용지가 옵니다. 적십자 회원으로서 공익을 위한 헌혈 전단지이기 때문에 식당에 가서 나눠주고, 일반 정부기관을 방문해서 나눠주십시오. 경비들도 대부분 제지하지 않습니다. 공익을 위한 헌혈전단지 포스터를 들고 당당하게 작은도서관과 교회 홍보도 할 수 있는 상황을 마련하는 것입니다. 가끔 태풍이 지나고 나면 세종적십자 지부장님의 전화가 옵니다. "목사님, 함께 봉사를 좀 하실 수 있으신가요." 그럴 때도 사람들을 당근에 올리고 기다리면 연락이 옵니다. 침수 피해가 있는 지역으로 함께 좋은 일하러 가자고 하면 모입니다. 불교인이든 무신론자든 요즘은 가치를 부여하는 일에 마음을 모읍니다.

당근마켓을 통한 섬김

당근마켓 '그림 그릴래'

우리 교회는 전도의 한 방법으로 당근마켓을 활용하고 있습니다. 처음 시도는 당근마켓 어플에 미술을 배우기 원하는 사람을 대상으로 무료로 미술수업을 진행하는 것이었습니다. 모집을 시작한 지 한 달이 되자 약 50명이 가입했습니다. 처음에는 카페에 모여서 각자 커피를 주문하고 드로잉, 스케치, 수채화 그림을 그리며 수업을 진행했습니다. 그러던 어느 날. 우리 교회 부속 '신나는 작은 도서관'으로 회원들을 초청하게 되었고 무료로 커피를 나누며 수업을 하였습니다. 미술 수업의 특성상 오랫동안 앉아 계속 그림을 그릴 수 밖에 없기 때문에 교회의 작은 도서관은 미술수업 장소로는 최적의 공간이었습니다. 무료 커피는 물론이고, 스케치를 하다 보면 나오는 지우개 찌꺼기 문제, 시간과 공간의 문제까지 모두 해결 가능한 작은도서관을 누가 싫어할 수 있을까요. 이제는 그림그릴래 수업이 주위에 소문이 나서 그림수업 시간과 상관없이 종종 작은도서관에 놀러 오는 분도 생겼습니다.

당근마켓 '비학산 맨발걷기'

시작한 지, 한 달이 되자 63명이 가입했고 흙길을 세 번 올랐습니다. 스무 살 청년부터 70세 은퇴하신 분까지 연령과 직업도 다양한 분들로 구성되어 있습니다. 특별히 어떤 프로그램을 진행하지 않아도 걸으면서 이야기하고 빵과 음료수를 마시고 어디 사는지 안부를 묻고, 편하게 산을 오릅니다. 모임이 끝난 후에는 채팅방에 모여서 오늘 모임에 대한 수다가 한참 이어지면서 다음을 기약합니다. 건강을 위한 운동 한 시간 30분을 걷고 돌아왔습니다. 정기모임 시간이 있지만 시간이 맞는 몇 명이 같이 걷기 할 사람을 모집하여 약속을 잡고 번개모임을 갖기도 합니다. 걷기를 마치고 가까와진 분을 교회로(정확히는 작은도서관) 초청해서 차를 한 잔 대접합니다. 한 번, 두 번 오다 보니 자연스럽게 주일에도 오기를 권했습니다. 좋은 접촉점 아닌가요?

당근마켓 "시니어 요가"

그림그릴래와 맨발걷기가 활성화되자 그 다음으로 노인들을 대상으로 전도를 하고 싶은 마음으로 시니어요가를 개설하고 회원들을 모집하였습니다. 참석하신 분들을 위해 두꺼운 매트도 구입하였습니다. 젊지 않은 분들이 체육복을 입고 2만 원을 회비로 내고 매주 목요일 9시30분에 모입니다. 모두가 아마추어라 웃음이 나지만 겨울인데도 땀이 송글송글 맺습니다. 운동이 잘 될까 생각했지만 저의 기우였을만큼 열정이 대단하고 열심히 운동하시는 모습을 보게 되었습니다. 함께 운동한 후 커피 한잔 마시는 시간이 저에게는 중요합니다. 50~60대 아주머니들이 대부분인데 참석자 중 남자는 저를 포함해서 단 세 명입니다. 특별한 대접을 받으며 둘러싸여 대화를 하다 보니 개척교회 목사라고 해도 부담 없이 이런저런 이야기를 나누게 됩니다. 개척교회 목사라 걱정이 되었는지 전도하는 방법까지 알려줍니다. 나는 지금 못 가지만 교회에 나가던 내 친구가 이 근처에 있다고 알려주기도 합니다. 저보다 대여섯 살 위인 두 분이 교회에 놀러 왔고 커피를 마시며 한참 이야기하다가 가기도 합니다. 또 오겠다는 인사를 남기고 가셨습니다. 지역사회를 위한 접촉점이 되는 당근마켓. 이웃을 만나는 통로가 되는 당근마켓. 찾아오기를 기다리지 말고 찾아가는 전도. 어떠신가요?

06

인천안디옥교회(인천)

한 걸음
한 걸음씩

조성원 목사

교회 설립 과정과 비전

인천광역시 서구 가좌동에 위치한 인천안디옥교회는 구도심에 위치한 곳입니다. 예전에 영창악기가 있을 때가 전성기이고 지금은 퇴락한 공장 배후 도시입니다. 그래서 노후 주택과 빌라들이 많은 곳입니다. 청라와 루원시티 개발로 상대적 박탈감을 많이 가진 도시이기도 합니다. 공장이 가까이 있다보니 인천 서구에서 외국인 노동자들이 가장 많이 사는 곳이기도 합니다.

교회는 2013년 10월에 개척하여 12월 7일에 설립 예배를 드림으로 본격적인 사역을 시작하였고, 현재 35명의 성도들이 함께 신앙생활을 하고 있습니다. 현재 시무 권사 한 분, 명예권사 두 분, 안수집사 세 분이 목회에 협력하고 있습니다. 늦은 나이에 신학 공부를 마치고 목사안수를 받으면서 개척에 대한 기도는 해왔으나 실행은 하지 못하고 있었습니다. 그런데 사역하는 교회 담임목사님이 갑자기 은퇴와 함께 선교사로 가시게 되어 그 과정에 교회를 사임하고 새로 사역지를 위해 기도하던 중에 아버지의 권면으로 개척에 대해 기도하기에 이르렀습니다. 그리고 10일 동안 금식 기도하면서 개척에 대한 응답과 교회 이름과 구상, 비전과 실천 사항을 정리하였고 교회 이름을 인천안디옥교회로 정했습니다.

이방인의 첫 교회이고 복음을 전하는 교회로, 이웃에게 칭찬 듣는 교회로, 선교사를 보내는 교회로 자라도록 하기 위해서 인천안디옥교회 4대 비전을 ① 하나님께 영광을 돌리는 교회 ② 사람을 살리는 교회 ③ 성경을 바르게 가르치는 교회 ④ 이웃을 사랑으로

인천안디옥교회 주일 예배 모습

섬기는 교회로 설정하였습니다.

인천안디옥교회의 존재목적은 다섯 가지로 정리하였습니다. ① 예배(Worship) - 하나님께 신령과 진정으로 드리는 예배를 위해 존재한다. ② 교육(Education) - 하나님의 말씀인 성경을 바르게 가르치는 교육을 위해 존재한다. ③ 교제(Koinonia) - 주안에서 성도가 하나 됨을 경험하는 교제를 위해 존재한다. ④ 사명(Mission) - 주님의 복음을 증거하는 사명을 위해 존재한다. ⑤ 섬김(Service) - 하나님의 말씀대로 이웃을 섬기기 위해 존재한다.

성도들의 생활원리는 다음과 같이 세 가지 ① 하나님 중심 ② 성경 중심 ③ 교회 중심'으로 정하고 실천하도록 가르치려고 하였습니다. 금식 기도가 끝나고 몸을 추스리고 교회 개척 위치를 살피기 시작했습니다. 지하만 아니고 우리 형편에 맞는 상가 건물을 위해 기도하였고, 보증금과 상가 월세를 비교하고 위치를 생각하면서 돌아보기 시작했습니다. 개척 동역자도 없는 상태에서 우리 가족만으로 시작하여야 하기에 월세와 교회유지를 위한 지출을 감당하기가 어렵다고 생각하면서 집 근처가 아닌 인천 전 지역으로 살펴보기 시작했고, 결국에는 보증금 500만 원에 월세 35만 원인 3층 상가를 계약하게 되었습니다. 상가를 알아보는 동안 선배 목사님의 후원으로 CCC에서 평신도 전도 훈련과정을 이수하면서 전도에 대한 두려움과 자신감을 가지게 되었다. 상가에 인테리어 공사를 하고 11월 4일부터 첫 예배를 드리기 시작했습니다.

전도사역

가좌동을 이해하기 위해서 주변을 탐방하고 동사무소에서 나오는 통계를 살피면서 지역교회로서 역할을 해야겠다고 생각했습니다. 노인들과 외국인, 어린이들을 전도하기 위한 전도방향을 세우고 기도하면서 준비해 나갔습니다. 그리고 알고 있는 모든 전도 방법을 동원해서 가좌동에 맞는 전도방법을 찾으려고 노력했습니다. 동네를 7개 지역으로 나누어 월요일부터 주일까지 전도를 했습니다. 성도들과는 주일날 오후예배를 드리고 전도지를 가지고 우편함에 꽂는 전도를 하였습니다. 일대일 축호전도, 노방전도, 차(茶) 전도, 물티슈 전도, 붕어빵 전도, 감중공원전도, 글없는책 전도, 학교 앞 전도를 활용하면서 가좌동 사람들을 만나고 이해하게 되고 이웃이 생기게 되면서 2~3개월에 한 명씩 전도가 되었습니다. 어린이 전도잔치를 4~5월에 진행하면서 붕어빵과 솜사탕, 바디페인팅, 팝콘 등을 준비하고 전통놀이를 통해서 활동하여 아이들이 즐거운 시간과 전도의 시간을 갖고 있습니다. 부활주일, 맥추감사주일, 추수감사주일에 이웃초청잔치를 열어 동네 주민들을 초청하여 점심을 대접하고 선물을 드리면서 전도의 자리를 마련하여 지역에 이웃을 만들기 시작했습니다. 점심은 성도들이 한 가지씩 준비해서 뷔페식으로 대접하였습니다. 동네 어르신들이 많아서 어르신 대상으로 전도 기회를 얻기 위해서 가을에 동네 어르신들을 위한 효도잔치를 통해서 어르신들을 대접하여 큰 교회도 하지 못하는 것을 한다고 칭찬받는 교회가 되어가고 있습니다. 매 해 마다 어르신들을 모시고 국악공연, 아이들의 바이올린 연주, 인형극, 전도 스피치,

교회학교 친구초청잔치와 외국인예배 후 교제를 나누는 모습

선물과 식사, 도시락을 제공함으로 좋은 호응을 얻고 있습니다.

최근에는 어린이들이 책을 가까이하고 지역사회에 사랑방 역할을 하기 위해서 작은도서관을 시작하게 되었습니다, 어린이들이 놀러 올 수 있는 공간으로, 전도의 공간으로 활용하기 위해서입니다. 그리고 주변에 지역아동센터와 연계해서 아이들이 도서관을 이용해서 바이올린 교습과 특별활동 및 독서 토론을 진행하고 있고 주변 지역을 위한 모임 장소로도 활용할 계획입니다.

이주민사역

외국인들은 노동자들이 많고 다문화 가정도 많습니다. 노방전도 중 우연히 파키스탄 가정을 만나 전도했는데, 이들의 친구들과 공장 친구들을 전도하기 위해서 노력하다가 여러 나라들을 한 번에 전도하기에는 부족하다는 사실을 깨닫고 한 국가만 해야겠다고 생각했습니다. 왜냐하면 인도와 파키스탄이 서로 감정이 있고 방글라데시도 마찬가지였습니다. 서로 나라들이 다르니 언어의 문제도 발생하였습니다. 처음 전도한 파키스탄 가정을 중심으로 파키스탄 국가만 집중하기로 했습니다. 그래서 분기별로 파키스탄 친구들을 초청해서 그들의 음식을 준비하여 예배를 드리고 복음도 전하고, 기독교인 친구들을 초청해서 함께 활동을 하였습니다. 8월 15일 파키스탄 독립기념일이 되어 주일 저녁에 모여 예배와 기도, 저녁파티를 하였습니다. 지금은 이런 시도들이 성과를 내어 매주일 저녁에 성경을 공부하는 모임으로 성장하고 있습니다.

저는 경기도 안산에 개척하여 주님의 사랑과 은혜, 복음을 전하는 데 최선을 다하고 있습니다. 하나님의 부르심에 신학교에 입학하고 처음 전도사로 사역을 시작한 지 30년이 지났네요. 요즘 시대에는 개척이 어렵고 안 된다는 많은 말과, 또 직면한 많은 어려움이 있었지만 늘 마음에는 '목사가 당연히 개척을 해야지' 하는 마음을 가졌던 터라 조금은 부담을 덜고 개척을 시작하였습니다. 교회는 단순히 예배당의 벽 안에 머물러 있는 것이 아닌, 지역 사회와의 긴밀한 연결과 함께 삶의 공동체로 자리 잡아야 한다고 생각합니다. 이러한 믿음을 바탕으로, 교회 성도들과 함께 주변 지역의 필요에 대한 봉사활동을 실천하고 지역 사회에 끊임없는 관심과 사랑을 전달하기 위해 노력해 왔습니다.

우리교회 주변은 오래된 빌라와 다세대 주택이 많은 조용한 주택가로 안산에서는 구도시라고 말합니다. 구도시에 위치한 우리 동네는 한 부모, 독거노인, 1인 가구가 많이 있습니다. 어린이, 청소년, 청년은 있지만 학교나 직장 이외에는 상대적으로 소통이 적어 평일에 만나기가 어려웠습니다. 생활이 어려운 편입니다. 안산이 안산다 안산다 하면서도 사는 곳이라더군요. 안산 신도시의 모습은 많이 달라졌지만, 그 시대에 들어와 살고 계시는 분들이 교회 주변에 많이 계십니다. 50대는 주로 서울로 출퇴근하고, 60대 이상은 인근에서 일하는 경우가 많습니다. 그럼에도 인근 공원에서 반려견과 산책하는 사람들을 자주 만날 수 있습니다. 동네는 소비가 적고 유동인구가 적은 편이며 직장인은 주중에는 만나기 어렵고 주말에는 휴식이나 외부 활동을 즐기고 있습니다.

　이런 환경에서 이웃과 소통하기 위해 제일 먼저 한 일이 교회를 중심으로 거리 청소를 시작하였습니다. 골목이 늘 쓰레기로 지저분했습니다. 항상 골목에 주차가 되어 있어서 청소를 해도 주차된 차들이 나가면 그 아래 쌓여 있던 쓰레기가 다시 나와 다시 지저분해졌습니다. 그러다 보니 깨진 창문이 있는 건물에 범죄 확률이 높다고 사람들도 아무 생각, 의식 없이 길에 쓰레기를 버리고 갔습니다. 하지만 매일 수시로 청소를 하였고 특히나 눈이 오면 제일 먼저 나가서 골목 눈을 치웠습니다. 그렇게 청소를 시작한 지 6개월쯤 지났을 때 전도하러 방문한 상가에서 사장님이 뜻밖의 말을 건네주었습니다. "목사님이 오신 후로 동네가 깨끗해졌어요" 그분의 말이 너무 고맙고 힘이 났습니다. 하나님만 바라보고 달려왔는데 '동네분들도 다 보고 있었구나'라는 생각이 들었습니다. 그때부터 조금씩 달라지기 시작했습니다. 골목이 깨끗해지니 쓰레기를 버리는 사람도 확연히 줄었습니다. 더 놀라운 건 사람들의 인식이 달라졌습니다. 인사도 건네주기 시작했습니다. 한 미용실에서는 미용실 원장님이 손님들에게 우리 교회 칭찬을 합니다. 얼마나 칭찬을 해주시는지 그 말을 듣고 우리 교회에 오신 분도 계십니다. 우리교회 60대 이상 아줌마 성도 헤어스타일은 모두 다 똑같습니다. 미용실이 같기 때문입니다. 바로 아까 말한 그 미용실을 이용합니

초청 주일을 준비하며 풍선아트 앞에서

동네 새마을 부녀회랑 함께 어려운 이웃들에게
농산물(고구마 감자)로 사랑을 나눔

다. 그 미용실을 거점 전도장소로 생각하고 머리하러 가고 머리하는 동안 복음 이야기를 나눕니다. 저는 간식거리를 사들고 방문합니다. 그러면 원장님이 교회 칭찬을 해주고 이렇게 전도를 하고 있습니다. 참고로 미용실 원장님은 현재 불자입니다. 곧 주님께 돌아오리라 믿습니다. 또 한 가지 실례로는, 어느 교회나 마찬가지겠지만 주차장이 부족합니다. 우리 교회도 그렇습니다. 곰곰이 기도하는 중에 교회 옆에 있는 카센터에 부탁을 해야겠다는 생각이 들었습니다. 카센터는 주일에 영업을 하지 않고 주차도 4대 정도 할 수 있는 공간이 있습니다. '어떻게 말해야 하지, 사용료는 얼마를 드린다고 해야 하나, 괜히 뭐라고 한소리 듣지는 않을까' 이런저런 생각 후에 카센터 사장님을 찾아가 주일에 카센터 마당을 이용하고 싶다고 사정을 이야기했습니다. 그런데 또 놀라운 이야기를 들었습니다. "목사님 뭘 그리 고민하셨어요, 그런 거라면 진작에 말씀하시지. 이제 일요일은 목사님 교회 마당입니다."라며 흔쾌히 허락해고 사용료도 끝내 받지 않겠다고 하셨습니다. 본인도 월세를 내고 있어서 안다고, 교회도 힘들 텐데 괜찮다는 것입니다. 내가 염려하며 기도하고 있었지만 주님은 다 알고 계셨습니다. 성령님이 미리 찾아가 주셨고 마음을 변화시켜 주셨습니다.

'아무것도 염려하지 말고 다만 모든 일에 기도와 간구로, 너희 구할 것을 감사함으로 하나님께 아뢰라.' 늘 묵상하는 말씀이었는데 염려하며 기도하였던 제 모습에 주님은 말씀이 무엇인지, 말씀을 붙잡고 어떻게 살아야 하는지 또 나타내 보여주셨습니다. 지금은 카센터뿐만 아니라 옆 빌라 이웃과도 잘 지내서 평일에는 빌라 빈 자리에 주차를 하고 있습니다. 현재 교회가 있는 1층에 있던 상가가 나가고 2년 전에 과일가게를 오픈하였습니다. 젊은 부부가 시작한 사업이었습니다. 저와 모든 성도들은 기도하며 기왕이면 그 가게에서 과일을 구입하였습니다. 사업은 처음이라 서툰 부분도 있다고 어려움이 많다는 이야기를 하며 갈 때마다 조금씩 마음을 열었습니다. 봄에 오픈하였는데 가을에 있는 초청 전도주일에 드디어 교회에 나왔습니다. 얼마나 기뻤는지 모릅니다. 처음으로 교회에 나오고 예배드린 알짜배기 초신자였는데 지금은 세례를 받은 성도가 되어 주차 안내 봉사도 얼마나 열심인지 모릅니다. 제가 전도한 성도여서 그런지 기쁨도 두 배입니다.

지난 번에는 젊은 부부와 세 살 어린아이와 함께 식사를 하였습니다. 이 아기 엄마는 3년 전에 지인을 통해 전도 대상자라고 제 아내가 소개받았습니다. 본인은 집이 멀어서 우리교회에서 전도해주었으면 좋겠다고 했습니다. 만나서 인사도 못하고 전화번호만 받았습니다. 너무 감사했습니다. 그런데 전화 통화도 잘 안되고 거의 문자로 소통하는 정도였습니다. 그래도 포기하지 않고 계속 기도하며 연락하였습니다. 임신을 하였다고 해서 과일, 먹거리 등을 챙겨 가면 지금 나갈 수가 없으니 두고 가라고 해서 문고리에 걸어 두고 온 일이 한두 번도 아닙니다. 임신을 하여서 출산하면 오겠다했는데 시간이 흘러 진짜 출산을 했습니다. 출산 선물도 문고리에 걸어

두었습니다. 출산했으니 이제 아기가 좀 크면 오겠다. 그렇게 얼굴도 한 번 못보고 전도한지 3년이 지난 후에 임신 중이었던 그 아기가 태어나 자라서 남편과 함께 교회에 나왔습니다. 진짜 눈물 없이는 그 긴 시간을 말로 다 표현 할 수가 없습니다. 지금은 등록하고 학습까지 받았습니다.

주님이 하셨습니다. 할렐루야! 이 자매도 전도 잔치 주일에 왔습니다. 그래서 전도 잔치, 초청 주일이 필요합니다. 성도들에게 전도 대상자를 데리고 올 수 있도록 문턱을 낮춰야 합니다. 잔치하는데 한번 같이 가자는 등 쉽게 올 수 있는 상황을 만들어 주어야 합니다. 교회의 바람은 오직 주님의 사랑과 영광을 빛내는 것입니다. 그러므로 저는 더 많은 이들이 주님을 알아가고 주님의 사랑을 경험할 수 있도록 교회의 역할을 확장하고자 합니다. 이를 위해 교회와 지역 사회 간의 파트너십을 강화하고, 봉사활동과 소통을 통해 지역 사회에 봉사하는 플랫폼을 구축할 계획입니다. 또한 성도들의 영적 성장과 지역 사회에 봉사하려는 열정을 끊임없이 지원하고, 그들이 교회의 사명을 실천할 수 있는 환경을 조성하기 위해 노력할 것입니다. 교회 주변에 초등학교는 있는데 거리에 아이들은 없습니다. 어린이 시설이 부족합니다. 특히 어린이 도서관이 없습니다. 동네에 인프라가 부족이 심각하여, 어린이 도서관을 만들어 정서적인 인프라를 구축함으로 문화와 학습에 관한 도움을 주려고 합니다.

어른들의 부재로 정서적 지원이 부족한 아이들에게 독서를 통해 정서적인 것들을 직간접적으로 지원해 줄 수 있습니다. 더운 여름날의 경우 무더위 쉼터를 제공함으로써 지역 내 주민들에게 편의를 줄 수 있습니다. 지역 내 생애주기별, 계절별, 다양한 행사를 통해 부족한 인프라를 해소시키며, 자녀들의 참여를 통해 자존감 회복과 자긍심과 유능함을 키울 수 있는 기회를 주며, 지역 내 어린이 도서관을 통해 복음을 불편함 없이 받아드릴 수 있는 기회를 제공하고자 합니다. 지역 내 사랑방으로 여러 역할을 할 수 있도록 지원할 예정이며, 반려견들과 함께 예배드릴 수 있게 개인의 다양성과 개성을 존중하며, 전도의 기회로 삼으려고 합니다. 그럼에도 반려견들과 함께 드리는 예배는 아직 풀지 못한 과제입니다.

안산 지역에서의 목회는 끊임없는 도전과 기쁨의 과정입니다. 주님의 인도하심과 지혜로, 우리는 계속해서 주님의 나라를 세우기 위해 함께 나아갈 것입니다. 함께하는 모든 성도들에게 감사드리며, 주님의 인도하심을 기대하며 앞으로 나아가겠습니다.

08

하늘가족교회(광주)
진정한 공동체를 향하여

김필성 목사

사역의 시작과 인도하심

저희 교회는 광주제일노회 소속의 하늘가족교회입니다. 현 위치는 광주광역시 북구청과 전남대학교 인근의 원룸촌이 자리잡고 있고, 대학타운형 도시재생 뉴딜사업이 진행되고 있는 지역입니다.

개척 후 5년 정도에 30여명의 성도들이 함께 하는 교회가 되었지만 현재는 장년 및 청년 10여 명이 예배하고 있습니다. 목회 컨설턴트로 10여 년 사역하면서 신학교에서 강의를 하다 보니 소외되었던 가족들의 영적 필요를 채우기 위해 가정에서 예배를 드리기 시작하였고, 하나님이 보내주신 사람들과 함께 작지만 큰 교회, 교회를 섬기는 교회, 젊은 세대를 변화시켜 세워가는 교회의 비전을 가지고 개척을 시작하게 되었습니다. 가족 5명으로 시작한 교회는 5년 간 아이들을 포함하여 30여 명의 성도들로 늘어나서 전교인수련회와 봄가을소풍, 해외비전트립, 단기선교 뿐만 아니라 한 번 만나면 밤늦게 헤어지는 즐거운 가족 같은 소모임 등을 통해 재미있는 목회를 했습니다.

그러나 갑작스럽게 교회 건물주가 바뀌어 예배처소를 옮겨야 하는 상황이 되었고, 예배처소를 옮기는 과정에서 부담감을 느낀 성도들 일부가 담임목사가 대장암 진단을 받고 수술을 진행하고 투병을 하는 상황에서 목회적 돌봄이 약화되면서 교회를 떠나게 되었습니다. 비전으로 모였는데 목회적 돌봄이 약해지면서 성도들의 이탈이 발생했고, 대장암을 치료하는 과정에서 청년시절의 부르심에 대한 사명을 생각하게 되었습니다. 교회 성장 후에 하겠다는 생각으로 미루고 있었던 청소년, 청년사역에 대해 다시 도전을 받아 가르치는 은사와 더불어 청년 시절의 예배사역과 팀훈련의 경험, 다양한 규모의 교회에서의 교육사역 경험, 20여 년의 신학대학원에서의 강의 경험, 전국 셀교회를 대상으로 한 목회컨설턴트의 경험을 기반으로 청소년, 청년사역을 진행하면서 미래자립교회들의 청소년, 청년들을 위한 예배사역과 청소년청년캠프를 시작하게 되었고 현재 10년 차의 예배사역팀과 캠프팀을 운영하고 있습니다.

더불어 재능 기부를 통해 교회 밖 청소년 교육을 진행하고자 했던 노력과 사역에 헌신하고자 하는 청년들의 욕구에 뒤따르는 생활의 문제를 해결하는 과정에서, 교회 밖 청소년들을 향한 비전을

하늘가족교회 청소년, 청년들의 모습

위한 비영리민간단체를 설립하게 되었고, 그와 연계하여 학교와 마을이 청소년들의 교육을 함께 책임지는 마을교육공동체를 운영하게 되었습니다. 재능 기부로 시작해서 마을과 학교를 연결하는 과정에서 마을 공동체 활동으로 사역이 확대되었고, 이를 계기로 다양한 마을공동체사업에 참여하게 되었으며, 마을의 문제를 주민들이 함께 해결해 가기 위한 주민자치회의 사업들을 지원하고 멘토의 역할인 마을코디네이터 활동도 지자체 관계자들의 요청으로 하게 되었습니다. 이를 통해 마을들을 섬기면서 저희 교회가 나아가야 할 마을목회에 대한 그림을 그리게 되었습니다. 이와 관련하여 전교인들이 제자훈련과정의 교육만이 아니라 학교 및 평생교육의 현장에서 강사로 활동할 수 있도록 하는 교육을 병행하였고, 실제적으로 마을과 학교 현장에서 강사로 활동하게 되었습니다. 그래서 좀 더 효과적인 사역을 위해 사회적 협동조합을 설립하여 그동안의 사역을 확대하는 일을 진행하려고 준비하고 있습니다.

플랫폼 사역

더불어 이러한 과정에서 우리 교회만이 아니라 미래자립교회의 목회자들과 교회들이 함께 참여함으로 함께 성장하고 자립할 수 있는 기반을 마련할 수 있을 것이라는 생각에, 주변의 미래자립교회의 목회자들과 교육에 관심 있는 목회자들과의 교류를 통해 네트워크를 형성했습니다. 아직은 소수이지만 이러한 교회와 목회자들이 학교와 마을의 교육현장에서 활동하고 있습니다.

여기에서 중요하게 생각하는 것은 학교와 마을을 연결하는 부분만이 아니라 학교와 교회를 연결하는 부분입니다. 학교와 마을을 연계하여 학교 안의 마을강사로 훈련된 이들이 들어가면 학교와 교회를 연결하는 길이 열렸기 때문입니다. 지역의 목회자들을 강사로 훈련시켜 학교와 마을을 연결하는 마을교육공동체 강사로 학교에서 청소년들을 만나게 하고, 학교 안에서 이루어진 관계성을 기반으로 학교 밖에서의 관계로 발전함으로써 복음의 접촉점이 되었습니다. 네트워크에 참여하는 목회자와 교회들이 플랫폼인 청소년문화공작소와 마을교육공동체를 통해 그 지역 학교의 강사로 들어가 학생들과 관계를 맺고, 학교 밖에서 학생들을 만나거나 교회로의 초청을 통해 청소년들이 교회에 발을 딛게 하고, 이는 교회 출석으로 이어지는 일들이 일어나고 있습니다.

교회를 섬기는 교회

하늘가족교회의 비전중 하나인 '교회를 섬기는 교회'는 현재진행형입니다. 비록 10여 명의 교회이지만 많은 미래자립교회의 청소년들을 섬김으로 캠프 참여 교회들을 세워가는 일을 하고 있습니다. 단순한 캠프 사역이 아니라 캠프 이후에도 참가 교회들이 청소년 사역의 성장을 위해 사용할 수 있도록 콘텐츠와 사역자료를 준비하여 제공하고 있기 때문입니다.

매번의 캠프에서 같지만 다른 유형으로 일어나는 일들은 교회 안의 믿지 않는 청소년들이 예수님을 믿겠다고 고백하는 일입니다.

교회를 섬기는 교회로 미래자립 교회의 청년들이
함께 모여 캠프에 참여하고 있는 모습

교회 나온 지 얼마 안 되었거나 신앙과 상관없이 교회에 출석하다가 마지못해 캠프에 끌려오다시피 하여 예배와 말씀, 프로그램 진행에 주변만을 맴돌던 아이들이 조용히 "저도 예수님을 믿고 싶어요", "예수님에 대해 배우고 싶어요"라고 고백하는 일이 일어나고 있습니다. 우리 교회는 이런 아이들을 세워서 소속 교회에서 잘 양육할 수 있도록 돕고 있습니다. 어떤 아이들은 학교 선생님이 보내서 신앙캠프가 아니라 일반캠프인 줄 알고 와서 거부하고 거절하다가 스태프들의 기도와 눈물 앞에서 교회의 문턱도 밟지 못했음에도 교회에 나가겠다고 고백하고, 다음 캠프의 스태프로 섬기고 싶다는 고백을 하기도 합니다. 참여하는 청소년들만이 아니라 스태프로 섬기는 청년들도 신앙의 성숙을 얻고 있습니다.

신앙의 가정에서 자랐지만 교회와 거리를 두고 있던 청년들이 친구의 권유로 스태프로 섬기면서, 변화되는 청소년들의 모습을 바라보며 스스로 신앙의 도전을 받고 캠프를 통해, 훈련을 통해 신앙이 자라고 성숙해지고 소속 교회에서 헌신하는 일꾼으로 세워지는 모습은, 우리 캠프에서는 너무도 자연스러운 모습입니다.

이렇게 청소년여름캠프와 청년겨울캠프는 교회를 섬기는 일을 함으로써 교회의 비전을 조금씩 이루어가고 있으며, 이 일에 함께 섬기고 기도하는 성도들의 신앙 성숙도 함께 일어나고 있습니다. 그래서 매년 200여 명이 참여하는 이러한 사역들이 작은 교회가 감당하기에 어려운 사역이지만 하나님의 도우심으로 즐겁고 감사한 마음으로 감당하고 있습니다.

공동체 회복 - 마을 목회

청소년문화공작소, 마을교육공동체를 운영하면서 활동하게 된 마을에서의 사역은 성도들에게 마을을 섬김으로 인한 개인의 신앙 성숙만이 아니라 마을강사로의 활동을 통해 스스로의 역량을 강화하고 자신감도 성장하게 되는 계기가 되었습니다. 이 과정에서 함께하는 마을 주민들의 교회에 대한 시선이 훨씬 부드러워졌습니다. 또한 섬기는 마을강사인 교인들과 목회자들에 대해 긍정적인 관심을 표하고, 함께 마을 사업을 진행하는 과정에서 지속적인 만남을 통해 신앙에서 멀어져 있던 분들은 신앙을 다시금 새롭게 세워가겠다는 결심을 고백하기도 하고, 믿지 않는 마을 주민들은 목회자에 대한 시선이 경시에서 존경으로 바뀌어 섬기는 저를 부끄럽고 무안하게 만들기도 했습니다. 또한 창업을 준비하면서 마을사업을 함께하던 한 청년은 저희 교회에 등록하여 신앙생활을 시작하였습니다.

청소년사역에서 마을과 학교가 함께 하는 청소년사역으로, 마을 안의 주민들과 함께하는 사역으로, 마을 공동체로의 발전으로 이어지고 있는, 그래서 더 큰 공동체를 꿈꾸며 마을목회자 네트워크를 형성하고 더 확대된 사역을 위한 사회적 협동조합 설립을 준비하게 되면서, 교회의 모습에 대해 새로운 정립이 필요하다는 생각을 하게 되었습니다. 예를 들어 최근 기후위기 대응의 일환으로 전 세계에 만들어지고 있는 전환마을의 경우에서 볼 때, 전환마을은 마을커뮤니티센터를 중심으로 자원을 절약하고 자원순환하며 서로의 생산물을 공유하고 교환함을 통해 공동체를 이루어감으로 기후위기에 대응하는 형태인데, 이에 대해 공부하면서 계속 머릿속에 떠오르는 것은 이것이 교회라는 생각이었습니다. 교회가 마을커뮤니티센터의 역할을 하고 마을주민들이 교회를 중심으로 공동체가 되어가고 그 속에서 신앙을 알아가고 성장하게 되는 것이 이 시대에 필요한 교회의 모습이지 않을까 하는 생각입니다. 너무도 당연하게 여겨졌던 초기 교회 공동체의 모습들이 산업화와 도시화를 통해 상실하게 되었는데, 이제 세상이 기대하고 만들어가려고 하는 이러한 공동체를 교회가 회복해야 할 때가 아닌가 합니다.

복음은 삶을 통해

공격적 전도 일변도가 아니라 삶을 함께 공유하고 삶 속에서 복음이 흘러가고 그 복음이 삶이 되는 진정한 공동체를 이루어가는 것이야말로, 한국 교회의 신뢰도가 땅에 떨어지고 호감도가 낮아지고 있는 현 시대 상황 속에서 교회의 본질을 세상에 알리고 회복할 수 있는 방법이라고 생각합니다.

교회를 개척하려고 준비하고 있거나 새로운 목회 방향을 찾고 있는 교회나 목회자가 있다면 우선 자신의 분명한 부르심이 뭔지 확인해 보기를 권하고 싶습니다. 무작정 이 시대의 트랜드기 때문에, 성공한 교회들이 있기 때문에 시작하는 것이 아니라 전통적인 목회자나 전통적인 교회로의 사역적 부르심인지, 아니면 지역 사회의 선교적 목회자나 교회로서의 부르심인지를 알고 부르심에 합당하게 반응하는 것이 중요합니다.

지역과 함께하는 선교적 부르심이 있다면 그 방법 또한 다양합니다. 교육적 기반에서 교육과 관련하여 마을목회로서 접근과 지역 사회 선교를 꿈꾸고 있다면 저희가 도움을 드릴 수 있지만, 어떤 분처럼 노인목회적 차원의 요양사업을 진행할 수도 있고, 다문화적 관점에서의 선교적 마을목회를 할 수도 있고, 봉사단체를 통한 마을목회를 이루어 갈 수도 있습니다. 혹은 그저 주님의 마음으로 마을주민들을 섬기고 돌봄을 통해 그들 안에 하나님의 사랑을 흘려보내는 일을 통해 복음을 전할 수도 있습니다.

중요한 것은 교회와 목회자의 부르심이 무엇인지 확인하는 것이 우선이라고 하는 것입니다. 그리고 그 부르심에 맞는 전략과 방법을 찾으면 됩니다. 재정적인 문제는 지역과 함께하는 부분이라면 크게 걱정할 것이 없습니다. 교회가 잃어버린 공동체의 모습을 세상이 만들어 가려고 다양한 공모사업들을 정부와 지자체에서 진행하고 있기 때문입니다. 이러한 부분에 자신에게 적합한 모델을 찾아 사업들을 신청하고 승인받고 운영하다 보면 점점 더 많은 부분에서 정부나 지자체의 지원을 통해 교회가 할 수 있고, 했어야 할 일을 할 수 있게 됩니다.

전도할 수 있는 시대가 아니라는 패배의식이나 우리는 할 수 있는 것이 없다는 자포자기적 마음으로 지금의 상황에 안주해 있는 목회자들이 생각보다 많이 있는 것을 보았습니다. 몰라서일 수도 있고 자신의 능력에 대한 부족함으로 인한 주저함일 수도 있지만 실제는 전혀 그렇지 않다는 사실을 인식할 수 있으면 좋겠습니다. 전통적인 전도나 선교의 개념을 확대해서 시대적 상황에 맞는, 세상을 섬기는 교회의 공공성을 세워가는 목회에 대한 새로운 개념 정립이 필요하다고 생각하고 있습니다.

풀어가야 할 부분

물론 여전히 풀어 나가야 할 부분들은 많습니다. 목회에 대한 새로운 개념 정립만이 아니라 이것을 뒷받침할 수 있는 신학적 토대도 필요하고, 이와 관련한 사역적 정의와 분류도 필요합니다. 그와 더불어 이와 관련한 다양한 사역적 자료와 예시들을 발굴하고 그 정보들을 공유하는 일도 진행되어야 할 것입니다.

이러한 일을 위해 현재 저희가 준비하고 도전하고 있는 부분은 저희 교회가 가지고 있는, 그리고 잘 할 수 있는 교육 분야에서 더 많은 사역자와 동역할 수 있는 네트워크의 확대를 위해 사회적 협동조합의 설립을 준비하고 있고, 이를 통해 정부나 지자체의 기관위탁사업을 위탁받음으로 일자리 창출과 지역 사회의 거점 역할을 감당하기를 원하고 있습니다.

새로운 패러다임을 가진 젊은 목회자들과 그리스도인들이 이 일에 동참하기를 기대하고 기도하고 있으며 더 많은 영역에서 이러한 일을 감당함으로써 사회적 선교를 통한 복음전파가 이루어지기를 기도하고 있습니다. 이 일은 비단 목회자들만이 아니라 성도들도 함께 참여하는 헌신을 통해 가능하며, 혼자가 아니라 플랫폼을 중심으로 한 사역 네트워크가 확대될 때 복음전파와 더불어 세상의 변화를 이끌어내고, 초창기 한국 교회의 모습처럼 이 시대에 복음적 기치를 들고 세상을 이끌어가는 교회가 될 수 있는 힘을 얻게 될 것입니다.

  이번 교회자립 아이디어 공모전에서 이러한 생각을 나누고 발표할 수 있는 기회를 얻게 된 것에 대해 감사하며 이 사역을 감당할 수 있는 귀한 마중물을 지원받게 되어 더욱 감사합니다. 이 일을 기획하고 준비해 주신 총회교회자립개발원의 이사장님 이하 관계자 분들께 깊은 감사의 말씀을 전합니다. 감사합니다.

PART 2

미래자립교회 자립사례
사례발표작

01 버드내삼일교회(수원) | 94
02 빛과소금의교회(수원) | 104
03 세종참된교회(대전) | 114
04 소풍교회(익산) | 122

01

Gospel bridge 버드내 삼일교회(수원)

지역과 함께하는 교회의 아름다운 성장

조태수 목사

Gospel bridge 버드내삼일교회를 섬기고 있는 조태수 목사입니다. 저희 교회는 수원역 근처에 있는 권선구 세류동의 작은 언덕 위에 위치하고 있습니다. 세류동의 옛 지명은 '버드내'입니다. 지금의 수원천 주변으로 버드나무가 많이 있습니다. 그래서 과거에는 이곳을 버드나무가 많이 있는 하천이라는 의미로 '버드내'라고 하였다고 합니다.

저희 교회는 2020년 1월에 모교회인 수원삼일교회에서 분립 개척되었습니다. 수원삼일교회는 청장년이 400명 정도 되는 중형교회로 한 번도 분립 개척을 해본 적이 없는 전통적인 교회입니다. 하지만 하나님의 전적인 은혜와, 지금은 원로목사님이 되신 송종완 목사님의 사랑과 헌신으로 분립 개척 되었습니다. 지금 생각해 보아도 기적적인 은혜입니다. 분립 개척 당시 저희 가정을 포함해 청장년 16명과 어린이 청소년 5명으로 교회가 시작되었습니다. 분립 개척 할 당시만 해도 모 교회는 빈자리가 잘 채워질 수 있을지, 분립된 교회는 자리를 잘 잡아 성장할 수 있을지 우려가 많았습니다. 그러나 만 4년이 지난 지금 모 교회는 분립되어 나간 인원보다 몇 배의 새 신자들로 채워졌고, 분립된 저희 교회도 교회 일꾼을 세우는 임직식(장로, 권사, 안수집사)도 하고 저는 작년에 감사하게 위임목사가 되었습니다. 한국에는 저희 모교회 정도의 중형교회들이 상당히 많이 있습니다. 생명을 낳는 분립 개척은 천명이 넘는 대형교회들만 할 수 있는 것이 아니라는 사실을 꼭 말씀드리고 싶습니다.

한국에 이처럼 교회가 많이 있는데 왜 굳이 새로운 교회들이 개척되어야 하는지 의문을 가진 분들이 많습니다. 그러나 그것은 눈에 보이는 현상만을 바라보기 때문이라고 생각합니다. 한 마을에 계속 태어나는 아이가 없다면 결국 그 마을은 사라지고 말 것입니다. 우리 몸도 보이지는 않지만 계속해서 새로운 세포가 생겨나고 있습니다. 복음적인 교회들이 도시마다 계속해서 개척되어야 합니다. 한 지역에 소수의 대형교회와 중형교회만 있다면 그 지역의 필요와 그 지역의 수많은 영혼들에게 효과적으로 다가갈 수 없습니다. 수많은 크고 작은 교회들이 있어야 그 지역의 수많은 영혼들에게 효과적으로 다가갈 수 있습니다. 교회들이 같은 믿음과 같은 신앙을 고백하지만 교회마다 특징이 다릅니다. 한 교회가 모든 영혼을 다 품을 수는 없습니다.

하나님은 버드내삼일교회를 세우시고 버드내삼일교회만의 특별한 매력으로 지역을 섬기고 돌아보게 하셨습니다. 저희 교회의 변하지 않는 표어는 'Gospel bridge'입니다. 복음의 다리가 되어 복음으로 하나님과 사람을 연결해 예배하고, 복음으로 서로와 서로를 연결해 공동체가 되고, 복음으로 신앙과 삶을 연결해 제자로 살아가고, 복음으로 교회와 이웃을 연결해 아름다운 복음생태계를 만드는 것입니다.

저희 교회가 위치한 세류동은 서민밀집지역입니다. 아이들과 노년층이 많이 있습니다. 한부모, 다문화, 조손가족도 많이 있습니다. 교회 바로 옆으로 초등학교가 있습니다. 교회가 1층이고 바로 길 옆에 있어 교회 문만 열면 이웃들과 만날 수 있습니다. 예배나 기도회 중에도 지나가는 오토바이나 차들 그리고 이웃들의 소리가 자주 들립니다. 처음부터 저희 교회는 1층 공간을 얻으려고 준비했습니다. 개척교회는 수평이동으로 성장할 수 없기 때문입니다. 개척교회가 건강하게 성장하기 위해서는 비신자, 낙심자, 가나안 성도들에게 다가가야 합니다. 보통 1층은 월세가 비싸 많은 개척교회들이 1층을 얻지 못하고 지하나 2층, 3층에서 시작합니다. 하지만 이렇게 되면 이웃들과 접촉하기가 어렵습니다. 비록 공간이 작더라도 개척교회가 1층에 있을 때 더 효과적으로 이웃에게 다가갈 수 있습니다.

개척 초기에 저희 교회는 전도도구로 영어도서관을 준비했습니다. 적지 않은 비용을 들여 교육기자재를 준비했습니다. 3월 개학에 맞춰 홍보도 준비하고 야심차게 계획을 수립하였습니다. 그런데 그해 3월부터 코로나 대유행이 시작되었습니다. 아이들이 학교에 아예 등교하지 못했습니다. 예배 자체도 제한이 많이 생겼습니다. 준비한 모든 것들이 무용지물이 되었습니다. 이제 막 개척되어 정말 열심히 하려고 하는 순간에 모든 것이 멈춰 버리고 말았습니다. 코로나는 이제 막 개척한 저희 교회에게는 너무나 치명적이었습니다. 마치 아이가 태어나자마자 장기간 인큐베이터에 들어간 것 같았습니다.

예배까지도 어려운 위기의 순간에 하나님은 저와 개척 멤버들로 하여금 기도하게 하셨습니다. 겸손하게 하셨습니다. 하나님 한 분만 의지하도록 하셨습니다. 기도하면서 하나님이 주신 마음은 이 교회가 하나님이 세우신 하나님의 교회라는 마음이었습니다. 사람이 세운 교회라면 코로나라는 거대한 해일에 떠내려 갈 수밖에 없지만 하나님이 세우셨기에 어떤 풍파도 무너뜨릴 수 없다는 믿음이 생겼습니다.

기도하는 가운데 '당근'으로 무료나눔을 시작했습니다. 코로나 시대에 꼭 필요한 마스크, 소독제 등을 나눔했습니다. 당근을 통해 많은 이웃들이 교회에 연락을 주셨고, 무료나눔이기 때문에 많은 이웃들이 교회로 와서 감사하게 물품을 받아가셨습니다. 당근은 동네 이용자들이 많이 보기 때문에 직접 나눔에 참여하지 않더라도 저희 교회를 선한 나눔을 하는 교회로 이웃들에게 알릴 수 있는 기회가 되었습니다. 마을청소도 하고, 방역봉사도 했습니다.

그리고 교회 앞에 이웃쉼터를 마련했습니다. 교회가 작은 언덕 위에 있기 때문에 아래쪽에서 올라오시는 분들이 조금 쉬고 싶다고 느껴지는 지점에 저희 교회가 있습니다. 그리고 편안한 벤치가

교회설립 2주년 감사예배 후 기념촬영

매주목요일 어린이 열린 예배

있습니다. 이렇게 이웃들이 쉼터에서 쉬고 있으면 CCTV를 통해 이를 확인하고 얼른 나가서 전도지, 마스크, 물티슈, 수세미 등을 드렸습니다.

개척한 지 2년 차에는 교회 앞에 공유냉장고를 설치했습니다. 공유냉장고는 누구나 음식을 넣을 수 있고 가져갈 수 있는 마을 공동체 냉장고입니다. 공유냉장고를 통해 이웃들이 자연스럽게 음식을 나누게 되었습니다. 교회가 공유냉장고를 운영하고 있는 것을 알기에 이웃들이 교회에 대하여 호감을 가지게 되었습니다. 시간이 지나면서 마을에 있는 빵집, 반찬가게, 샌드위치 카페, 편의점 등도 물품을 나눔해 주셨습니다. 지금 수원 지역은 이런 공유냉장고가 40개소가 넘습니다. 전국에서 공유냉장고가 가장 활성화되어 있습니다. 저는 현재 수원공유냉장고시민네트워크의 전체 대표를 맡고 있습니다. 참 감사한 일입니다.

개척한 지 3년차에는 교회 1층 공간을 이용한 '보드게임카페'와 2층 주방을 활용한 '버드내행복식당'을 시작하였습니다. 책상과 의자가 모두 1인용이기 때문에 자리 배치를 자유롭게 할 수 있습니다. 그래서 주일에는 예배 세팅으로 예배를 드리고 주중에는 테이블과 의자를 붙여서 어린이들을 위한 보드게임카페를 운영하고 있습니다. 교회 바로 옆이 학교이기 때문에 학생들이 학교를 마치고 마치 참새방앗간처럼 교회에 와서 보드게임도 하고, 아이스티를 얼음과 함께 타서 마십니다. 저는 어린이들과 어울려 보드게임도 하고, 원하는 아이들에게 라면도 끓여 줍니다. 입이 열려야 마음이 열립니다. 그리고 어느 정도 관계가 형성된 아이들에게 복음을 전합니다. 개인별로 노트를 마련해서 성경도 쓰게 합니다. 성경을 쓰고 느낀 점과 질문을 적어서 저와 나눔을 합니다. 한 말씀만 깨달아도 인생이 바뀔 수 있음을 저는 믿습니다.

개척 4년차부터는 보드게임과 행복식당을 통해 알게 된 아이들을 초대하여 매주 목요일에 어린이 열린예배를 드리고 있습니다. 학생들이 생각보다 바쁘기 때문에 열린예배는 짧고 임팩트 있게 찬양과 복음 메시지를 전하고 있습니다. 매주 12명 이상의 아이들이 오고 있습니다. 새로운 아이들이 계속 찾아오고 있습니다.

아주 추운 겨울을 제외하고는 교회문을 열어 놓습니다. 기도실도 항상 열려 있습니다. 은은한 조명과 음악을 계속 틀어 놓고 있습니다. 왜냐하면 교회는 수고하고 무거운 짐 진 영혼들의 안식처이며 언제나 열린 주님의 품이기 때문입니다. 하나님은 지난 4년 동안 저희 교회에 많은 영혼들을 보내주셨습니다. 어떤 분은 당근 나눔을 통해 만나게 되었습니다. 어떤 분은 이웃쉼터를 통해 교회로 초대하게 되었습니다. 어떤 분은 공유냉장고를 통해, 버드내행복식당을 통해 복음을 듣고 교회에 정착하게 되었습니다. 처음에 21명으로 시작된 저희교회는 만4년 만에 거의 두 배가 되었고, 지금도 계속해서 새로운 분들이 오고 계십니다.

전도하면서 교회 주변 상가나 이웃들을 만나 보면 교회에 직접

오지 않아도 저희 교회에 대하여 호감을 가지고 있는 분들을 많이 만납니다. 교회가 하는 일들이 계속해서 이웃들에게 좋은 영향을 미치고 있음을 보게 됩니다.

저는 목회자로서 계속해서 교회와 성도를 돌아보고 끊임없이 지역을 연구하여 지역에 꼭 필요한 교회가 되려고 노력합니다. 우리 교회의 장점은 무엇이고, 목회자로서 제가 가진 장점은 무엇인지 그리고 이것으로 어떻게 지역을 섬길 수 있을지를 생각합니다. 그러기에 하나님은 제가 기도할 때마다 목회와 지역 섬김에 대한 지혜를 주십니다.

이렇게 끊임없이 기도하고 전도하며 지역의 필요에 맞춘 목회를 할 수 있는 힘은 하나님의 은혜와 성도님들의 사랑 그리고 저희 수원노회의 자랑인 1234선교회가 있기 때문입니다. 1234선교회는 목회자가 목회의 본질에 충실할 수 있도록 거룩한 루틴을 만들어 줍니다. 1234에서 1은 '하루 1시간 운동', 2는 '하루 2시간 기도', 3은 '하루 3시간 이상 성경읽기, 독서, 설교 준비', 4는 '하루 4명 이상에게 복음을 전하기 혹은 전도적 만남 갖기, 전도와 관련된 봉사하기'입니다. 1234선교회는 현재 5년차를 맞이하고 있습니다. 감사한 것은 이 운동을 통해 목회자가 목회본질을 회복할 수 있다는 점, 매년 한두 교회들이 자립하고 있다는 것입니다. 저희 교회는 이 운동을 통해 2년 만에 자립을 했습니다. 그리고 저는 1234선교회의 총무로서 함께 운동에 참여하고 있습니다.

올해로 저희 교회는 교회 설립 5년차를 맞이하고 있습니다. 지금까지 인도하신 하나님의 은혜는 너무나 말로 다 할 수 없을 만큼 크고 놀랍습니다. 교회에 올 때마다 너무나 행복합니다. 주님의 영광스러운 교회를 섬길 수 있어 행복합니다. 천하보다 귀한 영혼을 복음으로 섬길 수 있어 감사합니다. 요즘은 하루 한 끼씩 금식하며 기도하고 있습니다. 더욱 간절하게 하나님의 은혜를 구하고 있습니다. 목회를 하면 할수록 하나님의 은혜와 도우심이 절대적으로 필요함을 느낍니다. 지금까지 부어 주신 모든 은혜는 저의 지혜나 능력이 아니라 오직 하나님의 은혜임을 고백합니다.

수기를 마무리하면서 하나님의 가장 우선된 관심은 개척교회 목회자에게 있음을 보게 됩니다. 목회자가 변하지 않으면 아무것도 이루어지지 않습니다. 목회자가 바로 세워지지 않으면 아무리 외적인 성장이 이루어진다 할지라도 한순간에 모든 것이 물거품이 될 수 있음을 압니다. 하나님은 한 교회를 세우시면서 그 교회 담임목회자를 올바로 세우는 데 가장 큰 관심을 가지고 계심을 느낍니다. 저는 부교역자 생활을 오래했습니다. 하지만 담임목회자로서는 아직도 초보입니다. 아직도 갈 길이 너무나 멀다는 것을 느낍니다. 저의 멘토이신 목사님이 저에게 주신 목회철학이 있습니다. "아사즉 교회생(我死卽 敎會生), 아생즉 교회사(我生卽 敎會死)"입니다. 내가 죽으면 교회가 살고, 내가 살면 교회가 죽습니다. 결국 목회자의 길은 나는 죽고 예수님이 사시는 것임을 믿습니다.

02

빛과소금의교회(수원)

작은도서관을 통해 길을 만드시는 하나님

이인권 목사

교회는 섬김을 통해 지역 공동체 그 자체가 되어야 합니다

교회가 여러 가지 모습으로 지역 사회를 섬길 때 교회는 지역 공동체의 일원이면서 지역 공동체 그 자체가 되어야 한다고 생각합니다. 교회가 그 마을에 존재하는 이유는 우리 교회 교인만을 위한 공동체를 넘어서 다른 교회 교인, 다른 종교를 가진 사람들 모두에게 유익한 섬김이 필요하다는 것입니다. 작은도서관은 교회가 이러한 비전으로 지역사회를 섬기기에 가장 유용한 형태의 섬김이라고 생각됩니다.

기다림과 실패는 성취를 위해 꼭 필요한 과정입니다

저는 2010년 1월 16일 수원시 매탄동에서 보증금 500만 원에 월세 70만 원, 35평 정도의 상가 2층에 처음 교회를 개척했습니다. 대학원에서 기독교문화교육을 전공해서인지 지역 사회에 문화를 통한 섬김으로 복음을 전하고픈 생각이 많이 있었습니다. 개척초반에는 열심을 내도 피곤하지 않고 여기저기 걱정해 주고 함께하는 사람들이 많이 있었지만, 3년여가 지나고부터는 지치기도 하고 후원도 끊어지기 시작해 진지하게 도전해야겠다는 생각을 하게 되었습니다. 그리고 기도하면서 과감하게 경희대 수원캠퍼스 옆으로 교회를 이전했습니다. 평일에는 카페로, 예배시간에는 교회로 하는 카페교회를 개척하게 되었습니다.

몇 명 안되는 성도들에게 비전을 제시하며 설득했고 성도들도 목사를 믿고 많이 헌신하여서 2013년에 50평 카페교회를 무리해서 이전 오픈하게 되었습니다. 어찌 되었을까요? 생각보다 훨씬 처참했습니다. 먼저 월세 150만 원으로 훌쩍 오른 가게 세를 감당하기가 힘들었고, 카페 운영이 교회재정에 도움이 될 것이라는 근거 없는 확신은 오히려 인건비 등의 적자를 교회가 떠안아야 하는 어려움이 되었습니다. 아주대학교에서 카페교회를 하는 동기 목사님의 모습이 좋아서 따라했는데 경희대는 아주대처럼 대학 인근 상권이 덜 발달되었고 무엇보다 방학 때는 거리가 한산하기까지 했습니다.

버티다 버티다 결국 카페문을 닫고 큰 빚을 지고 1500만 원 보증금에 77만 원 월세의 25평의 작은 교회로 옮기게 되었습니다. 재정적으로 크게 어려워진 것보다 더 힘든 건 성도들의 시선이었습니다. 목사님이 하자는 대로 했는데 카페가 폐업하고 몇몇 성도는 교회를 떠나고 목사는 의기소침해 있으니 정말 성도들에게 미안하고 하나님께는 죄송했습니다. 그러나 "고난당한 것이 내게 유익이라 이로 말미암아 내가 주의 율례들을 배우게 되었나이다"(시 119:71)는 말씀처럼 전화위복의 기회가 찾아왔습니다. 그것이 바로 작은 도서관이었습니다.

교회의 구분된 공간에서 10평 공간에 책 천 권, 좌석 6석만 있으면 지자체에서 작은도서관의 운영을 허가해 줍니다. 친구 목사님의 권유로 작은도서관을 교회 한편에 열었습니다. 이번에는 누구에게 말도 못하고 혼자 많이 기도하면서 작은 도서관의 오픈을 준비하였습니다. 결론부터 말씀드리면 엄청난 하나님의 은혜였습니다. 도서관을 개관하면서 교회도 자립하고 경제적으로 도움이 되었으며, 무엇보다 지역사회의 일원으로 교회가 인정을 받고 전도의 열매도 많이 맺게 되었습니다.

사랑하면 길을 찾고 덜 사랑하면 핑계를 찾습니다

이제부터 부족한 종에게 작은 도서관을 통해서 주신 하나님의 은혜를 나누고 여러분들에게도 조금이나마 도움이 될 만한 유용한 정보들을 나누도록 하겠습니다. 먼저 작은도서관은 책을 빌리는 곳이 아닙니다. 물론 책을 빌리고 독서를 하기도 하지만 주로 문화 프로그램 등을 통해 아이들이 뛰어놀고 참여하는 시간을 갖는 일종의 아이들의 놀이터입니다. 뿐만 아니라 1365(문화체육부주관 자원봉사제도) 자원봉사자들을 동원할 수 있으며, 지자체 찾아가는 문화교실들을 요청하여 여러 수업을 진행할 수도 있고, 특히 어르신들의 공공 일자리를 제공할 수 있습니다. 코로나 전에 우리 도서관은 20여 명의 틈새돌봄이나 종일돌봄이 필요한 아이들과 중고등학생들의 자원봉사자, 대학생 교육봉사 동아리 회원들, 지차체에서 파견된 문화교실 선생님들 그리고 시니어 어르신까지 정말 하나의 시장, 하나의 사회같이 모든 세대가 저마다의 필요로 소통하며 함께하는 공동체가 되었습니다.

카페와 달리 작은도서관을 개관할 때는 정말 몰입했습니다. 충분한 시행착오의 시간이 쌓여야 무너지지 않는 성취에 도달하는 축적의 힘이랄까요? 오랫동안 머물러 있는 것 같고 힘들고 실패한 것 같다면 좌절하지 말고 충분한 시행착오의 시간이 임계점을 돌파하는 소중한 에너지였다고 생각하고 기도하며 도전하시기를 바랍니다.

간절하면 길을 찾고 더 간절하면 핑계를 찾는다고 합니다. 작은도서관을 처음 개관하고 몰입하고 또 몰입했습니다. '나 같아도 여기가 교회인 줄 뻔히 아는데 책 보러 안 오겠다. 책 빌리러 안 오겠다'고 생각하면서도 기도하면서 현수막을 걸었습니다.

"귀 댁의 아이를 돌보아 드립니다.
수원시 도서관 사업소 2017-17 와우 작은도서관"

이 현수막은 몇 가지 의도가 있었습니다. 첫 번째는 수원시 도서관 사업소의 허가를 받고 운영되는 도서관이기 때문에 공공성을 강조한 것이었고, 두 번째는 지역 사회의 필요가 무엇인가에 대한 몰입에서 나온 고민이었습니다. 당시 돌봄이 있기는 했지만 작은도서관에서의 돌봄은 전무한 상태였습니다. 특히 아이들이 학교에서 하는 돌봄이 아니라 맞벌이 부부가 학원과 학원 사이에 틈새돌봄이 필요하다고 생각했습니다.

결과는 대성공이었습니다. 집 가까이 믿을 만한 기관에서 아이들을 교육 프로그램과 함께 잠깐이라도 돌봐주는 작은도서관 아이돌봄 현수막을 보고 정말 기적같이 1시간 정도 지나 초등학교 1학년 학생을 아버지가 데리고 와서 현수막을 보고 찾아왔다고 했

빛과소금의교회 주일예배 풍경

빛과소금의교회 어린이부 예배 풍경

습니다. 그 아이로 시작해서 동네에서 좋은 소문이 나자 아이들이 10여 명 이상 작은도서관을 찾기 시작하며 활성화되었습니다.

작은도서관에 대한 오해들

교회가 운영하는 작은도서관에 대한 강의를 들을 때 몇 가지 오해가 있을 수 있습니다. 그래서 본질을 잘 생각해보면 훨씬 유용하다고 생각합니다. 먼저 작은도서관을 통해 정부지원금이나 경제적 이득을 먼저 생각하는 것은 지양해야 합니다. 누구도 받지 않아도 될 만큼 부유한 사람이 없고 누구도 주지 못할 만큼 가난한 자가 없습니다. 그런 의미에서 사랑과 관심 그리고 정부와 사회의 여러 플랫폼을 이용해서 지역 사회를 섬길 때 훨씬 매력적으로 요긴하게 쓰임 받게 될 것입니다. 자칫 경제적 이득에 먼저 관심을 두면 지치기도 쉽고 정부기관이나 사용자가 오해할 수 도 있습니다.

두 번째로 작은도서관은 매뉴얼은 있지만 도서관을 운영하는 관장의 철학과 역량이 더 중요합니다. 개척교회도 마찬가지입니다. 저는 어르신 일자리를 지자체에서 창출해서 20여 개의 교회 작은도서관을 설립하여 어르신들을 배치하였습니다. 그리고 A부터 Z까지 제가 가지고 있는 노하우를 다 코칭하며 섬겼습니다. 이처럼 정말 요긴하게 운영하는 목사님들이 계신가 하면 어떤 목사님들은 금방 문을 닫았습니다. 이유가 무엇이겠습니까? 목사님들이 시간을 내고 땀을 흘리고 지역 사회의 필요에 민감하게 반응하며 배우고 부딪히는 일을 해야 합니다. 나보다 관심 있고 나보다 더 잘 섬겨 주실 분은 없습니다. 문제를 가지고 고민한 만큼 답을 찾아가는 보람도, 열매도 달게 느껴질 것입니다.

작은도서관 사역의 열매들

팀 켈러 목사님은 『센터처치』라는 책에서 많은 목사님들이 충성과 성취 사이에서 고민한다고 말합니다. 즉 충성을 했다고 생각하는 목회자는 사역의 성취가 없어도 스스로를 위로하며 할 만큼 했다고 애써 변명 아닌 변명을 하게 됩니다. 반면 성취를 이룬 목회자들은 자신의 사역의 결과가 과정을 다 정당화시켜 준다고 생각해서 하나님 앞에서 자신의 모습을 돌아보지 못하고 자칫 교만하게 사람의 인정을 받는 일에 관심을 갖기 십상입니다. 팀 켈러는 그 중심에 열매를 말합니다. 충성하든 성취를 이루든 하나님의 사람들은 하나님이 원하시는 열매를 맺어야 한다는 것입니다.

카페 문을 닫고 작은도서관을 하고 난 뒤에, 카페를 할 때보다 모든 면에서 훨씬 더 열악하게 시작했지만 하나님이 많은 열매를 보여주시자 감사하며 빚진 자의 마음으로 사역을 감당하고 나눌 수 있었습니다. 먼저 전도가 많이 되었습니다. 첫 번째 방문했던 틈새돌봄 대상이었던 1학년 남학생은 쌍둥이 여동생과 부모님 모두를 전도했고 지금도 잘 나오고 있습니다. 교회 주일학교 아이들 중 대부분은 작은도서관을 통해 전도된 아이들입니다. 물론 교인들이 볼 때도 목사님, 사모님이 직접 전도하는 모습이 많은 도전이 되었습니다. 이밖에도 어르신들과 청년들까지 전도가 되었고, 친구 목사님은 작은도서관을 통해 어르신 10여 명을 전도해서 지금도 정성껏 그들을 섬기고 있습니다.

또한 지역 사회의 인정입니다. 아이들을 돌보는 도서관이나 시니어 어르신들이 자발적으로 교회 앞뒤 길거리를 매일같이 청소해주고 있기 때문에 교회의 인식은 지역 사회에 아주 좋습니다. 한 번은 아파트 주차 문제로 부당하게 어려움을 당한 적이 있었는데 동대표회장께서 빛과소금의교회는 공동체이기 때문에 아파트에 주차하는 일을 허락해주어야 한다고까지 말했습니다. 물론 정기적으로 현수막을 만들어 교회가 지역 사회를 섬기는 일을 홍보하기도 합니다. 교회 창문에라도 현수막은 꼭 비치해야 하는데, 그 이유는 안 보는 것 같아서 제법 많은 사람들이 교회의 현수막을 통해 교회가 하는 사역을 인지하고 있다는 것입니다.

교인들의 자신감도 중요한 열매입니다. 작은 교회여서 할 수 있는 일이 적고 성도들 가운데도 작은 교회를 나와준다고 생각하는 이들이 있을 수 있지만 부르심에는 크고 작음이 없다고 생각합니다. 어느 교회든 하나님이 목회자와 교회에 준 소명에 집중하고 순종할 때 주시는 열매를 공동체가 함께 경험하는 것보다 값진 일은 없을 것입니다.

마지막으로 하나님이 하실 일들을 기대하게 됩니다. 도서관은 한계가 모호할 정도로 많은 일을 할 수 있습니다. 『목회와 신학』

2023년도 7월호와, 2024년도 3월에 『기독신문』에 인터뷰하며 연재한 글을 보면 알 수 있듯이 작은도서관은 많은 사회적 플랫폼을 활용할 수 있습니다. 어린이 돌봄, 청소년 공부방, 대학생교육자원봉사, 대학생 돌봄 일자리창출, 신중년 일자리 창출, 찾아가는 배움교실, 시니어 일자리 창출, 지자체 거점 돌봄운영 등 많은 플랫폼이 있습니다. 그리고 교회가 어느 정도 준비되면 자체적으로도 지역사회를 위한 문화교실들을 훨씬 공신력 있게 운영할 수 있게 됩니다. 지난 3월 초에는 교육청 관계자가 찾아와 거점돌봄교실을 하라고 먼저 권하기도 했습니다.

자립한 교회들을 보면 모두가 교회의 자립을 이야기하면서 하나님의 은혜라고 고백합니다. 그렇습니다. 우리가 소명에 귀를 기울이고 충성스럽게 순종하면 하나님은 길을 만드시고 우리가 할 수 없는 일들을 이루십니다. 작은도서관은 시대적 소명으로 단절된 이 사회에 하나님이 만드시는 교회를 위한 길이 될 수 있습니다.

03

세종참된교회(대전)

교회를
안 떠나는 이유

천태일 목사

세종참된교회는 2018년 5월 개척하여 현재 6년 된 교회이다. 교회 위치는 세종시 아름동 행복프라자 3층, 약 23평의 규모이다. 교회 구성원은 가족과 교인 3명이 처음 시작한 개척교회이다. 개척하기 전에는 대전에 살고 있었는데, 세종에 상가교회가 있어서 월세로 계약한 후 아내와 40일간 새벽기도회를 쌓고 개척을 시작하였다.

대전에 있는 교회에서 부목사로 섬기고 있었는데 담임목사님 은퇴와 함께 새로운 위임목사가 부임하여 어쩔 수 없이 교회를 사임하게 되었다. 당시 나이(57세)로는 개척교회뿐 다른 방법이 없었다. 가족과 함께 새로운 지역을 찾던 중에 세종시가 복합 신도시로 개발하고 있었다. 이 지역에 작은 상가교회가 월세를 놓고 있어서 아름동에 교회를 시작하게 되었다.

교회 사역에 가장 심각하게 직면한 문제

2018년에 개척하면서 처음에는 3명의 교인과 시작해서 전도를 매주 꾸준히 하면서(주소를 받아서 연락하는 전도) 복음을 전했다. 매월 1~2명씩 등록하는 새 가족이 있어서 약 2년 동안 42명까지 부흥이 되었다. 주일에는 아침 일찍 점심을 집에서 마련하여 예배 후 함께 나누었고, 오후 2시에는 성경 공부를 하면서 교제하였다. 교회가 전도와 구제와 성경 공부로 점점 새 가족이 늘어날 때 코로나 전염병으로 인하여 어려움이 시작되었다. 심지어 목회자인 내가 목사님들 기도 모임에 참석했다가 확진이 되어 교인들까지 전염되었고, 결국 교회를 떠나는 교인들이 늘어났다. 교인들 가운데 어떤 가정은 권사님 한 분만 예배를 드리는데 코로나에 걸린 권사님으로 인해 남편이 전염되어 교회를 떠나게 되었다.

　코로나로 대학병원 음압병동에 14일간 격리되어 산소호흡기를 쓰고 고통을 당하는 동안 교회는 15일간 폐쇄되었고 교인들은 각자 집에서 예배를 드렸다. 2주 후에 돌아왔지만, 몸이 아파서 목회를 잘 하지 못하고 있을 때 교인들은 떠나가고 있었다. 이때 할 수 있는 것은 교회학교 아이들에게는 천로역정을 녹음하여 카톡으로 보내주었고, 어른들은 줌을 통하여 방송 설교와 기독교강요를 가르쳤다. 몸은 쇠약해지고 코로나로 인하여 생긴 폐실 공포증, 우울증, 심한 두통, 폐섬유증, 어지럼증 등 후유증으로 대전에 있는 병원으로 다시 입원하게 되었다. 산소호흡기를 쓰고 고통을 치료받는 과정은 매우 힘들었다. 하지만 두통은 없어지지 않아서 청주 병원으로 가서 치료받고, 치료비가 없어서 산소통과 산소를 구매하여 산소호흡기를 입에 물고 강대상에서 지냈다.

　육체적인 고통보다 떠나간 성도들 때문에 더욱 마음이 아팠다. 결국 교인 1명이 주일에 출석했다. 목회자로서 주일에 참석하는 한 명의 집사님이 궁금했다. 왜 안 떠나고 우리 교회에 나오시는지를 물었다. 이때 그 집사님의 말씀이 세종에 올 때 어떤 일이 있어도 주일에 예배드리는 교회로 보내달라고 기도했는데, 세종참된교회는 코로나 전염병이 발생했어도 목사님이 계속해서 주일 예배를 몸이 아파도 드리는 것을 보면서 안 떠나게 되었다는 것이다. 정말 감사한 위로의 고백이었다. 집사님의 고백을 듣고 나서 목회에 다시

개척 5주년 기념 예배 후 사진
(목회 멘토 이영환 목사님과 예배 후 기념 촬영)

힘을 얻게 되었다.

지역의 특성과 지역에 필요한 것을 발견한 것

세종시는 현재 32만 명의 인구 중 공무원이 약 2만 3천 명이 생활하는 지역이다, 세종시 거주자 평균 연령은 33세이고, 한 가정에 평균 3명의 자녀가 있다. 학부모의 교육 수준이 높아서 부모가 석사급 가정이 많고, 이곳에 거주하는 자녀들은 초등학교 6학년을 마칠 때 외국에 다녀온 경험이 5회 정도가 된다. 외국어 실력과 언어능력이 뛰어나서 생각하는 것이 어린이가 마치 어른 같다는 표현이 맞을 것이다. 학부모들이 외국에 유학을 갔다 온 사람들이 많다. 외국 생활한 경험이 있어서인지 가정 살림이 매우 꼼꼼하고 시간과 돈을 함부로 낭비하지 않는다. 이런 일은 교회의 헌금 생활에 적극적이지 않고, 돈을 매우 아껴서 사용한다.

부부와 자녀들이 함께 활동하는 모습이 많아서 살기에는 매우 좋고 깨끗한 도시이다. 하지만 사람들의 정서가 냉랭하고 친밀하지 않고 이방인 같은 생각이 들 때도 많다. 특히 교회에서 전도 나왔다면 조금은 뒤떨어진 사람으로 취급을 받는다. 이때 시작한 것이 복음을 제대로 전하자, 하면서 기독교강요를 매주 수요일 저녁에 시작하였다. 주일예배 외에 수요일 참석자는 1~2명이 전부였다. 그래도 성도에게 말씀이 얼마나 중요한 것인지를 나누었다.

약 2년이 지나자, 이웃에 사는 타 교회에 출석하시는 권사님이 수요예배에 참석하였다가 은혜를 받으셨다. 기독교강요를 통해서 창조, 타락, 구원에 대해서 바른 성경 공부를 하게 되어 매주 나오시게 되었다는 것이다. 목회자로서 매우 보람이 있는 시간이었다. 얼마든지 프로그램, 방법론을 가지고 접근하지 않고 어려운 개척교회 현실에서 바른 신학과 교제를 통해서 교회는 조금씩 움직이기 시작했다. 먼저는 가족이고 주일만 출석하던 교인들이 참석하게 되었다.

세종이라는 지역에서 교회에 지역민의 영혼 구원을 위해서 줄 수 있는 것이 무엇일까? 교회는 영혼에 대한 갈망으로 성경에서 말씀하시는 하나님의 뜻과 구원의 소식을 잘 정리해서 전달하는 것이다. 그리고 양들의 아픔과 기쁨을 함께 나눌 수 있는 자상하고 겸손한 목회가 이 지역에 적합한 것을 발견하게 되었다. 주일학교 어린이에게는 교회학교 공과를 선물로 사주고 이들에게 매주 주일

주일예배 마친 후 주일학교 분반공부 시간
(교회가 좁아서 상가 복도에서 성경공부를 함)

에는 복음을 전했다. 왜 교회에 나와야 하는지, 왜 구원을 받아야 하는지, 교회는 무엇을 하는 곳인지, 아주 쉬운 기초부터 가르치자, 이들이 친구를 데리고 교회에 출석하기 시작하였다. 세종 지역은 아이들이 많은 지역이므로 이들에게 눈높이를 맞추어서 성경을 알려주자, 이들에게 성경을 통해 조금씩 예수님을 알게 되며 성장하는 모습이 보였다.

지역의 필요에 우리가 가장 잘할 수 있는 일은 무엇인가?
학교와 학원이 많아서 초중고 학생들에게 전도하면서 그들의 어려움을 들어주고 상담해 주었다.

변화된 성도는 어떻게 관리하는가?

타 교회에 다니던 한 가족이 교회에 나온 후에 등록한 이유가 복음만을 전해서 등록했다는 것이다. 성도에게 꼭 필요한 성경을 가르쳐 주셔서 고맙다는 것이다. 매주 복음이란 무엇인가, 성경을 읽어야 하는 이유, 어떻게 신앙생활을 잘할 수 있는가, 체계적인 성경 공부식으로 설교한다.

개척하면서 깨닫게 된 사역의 본질은 무엇인가?

첫째. 복음이다. 지금은 약 17~18명이 모여서 예배를 드린다. 1명에서 이렇게 부흥이 된 것은 두 가지 이유가 있다. 하나는 매주 주일예배는 10시에 1부로 드리는데, 이때는 오직 성경 공부만 한다. 약 50분 공부하고, 11시에 주일 오전 예배를 드린다. 우리나라가 초대 교회 때 교회에서 예배를 드린 모습을 그대로 따라 했다. 둘째, 선교와 구제이다. 할 수 있으면 어려운 미자립교회를 돕고, 선교사님을 돕는다. 교회 형편이 어려워도 선교와 구제는 사례비보다 필수이다. 사도행전의 교회처럼 일꾼을 세우고, 디모데전후서에 나오는 대로 목회를 하는 것이다.

함께 공유하고 강조할 내용은 교리 공부

복음을 전해야 한다. 성경 신학으로 성경을 전체 개관하여 가르치고 조직신학으로 함께 배우고 가르쳐야 한다. 즉 구약과 신약을 체계적으로 가르치고 교리 공부를 쉽게 가르치는 것이다.

부족한 부분과 도전하고 싶은 계획들—창조도서관

목회하면서 부족한 부분을 어떻게 할 것인가? 첫째, 가정교회이다. 성경과 함께 삶에서 그리스도인이 어떻게 살아야 하는가를 토의하고 함께 배우는 교회이다. 갈수록 시대는 영화관처럼 모여서 목사의 설교만 듣고 헌금하고 집으로 가는 형태에서 이제는 삶을 함께 나누고 영적인 그리스도인으로 성장시켜 가는 가정교회가 필요하다고 생각한다. 둘째, 주일에 설교보다는 성경 공부를 가르치는 것이다. 교인들이 설교 한 편을 듣고 은혜받았다고 한 주간 승리할까? 과연 성도들의 머리와 가슴에 울림이 있는 설교가 얼마나 될까? 우리 교회 성도들을 볼 때 홀로 신앙을 지킬 사람은 극소수이다. 그러므로 어떤 누구에게나 꼭 필요한 성경의 핵심 진리를 정리해서 가르치는 것이다.

셋째, 목회자가 다시 배우는 기회를 얻게 하는 것이다. 그곳이 신학교이든지 일반 대학이든지 목회에 필요한 공부를 하면서 목회를 하는 것이다. 물론 어려운 미자립교회에서 재정이 어렵겠지만, 목회자는 계속해서 배우며 가르쳐야 목양에 풍성한 양식이 있다고 생각한다. 목회자와 양들에게 복음의 핵심 진리를 가르치는 교육기관을 하고 싶다.

04

소풍교회(익산)

소풍 한번 오세요!

진병곤 목사

소망이 풍성한 교회

제가 섬기는 교회는 전북 익산의 익산역 부근에 위치한 소풍교회이다. '소망이 풍성한 교회'를 줄여서 '소풍교회'라고 붙였다. 개척교회가 전도할 때 불신자들에게 편하게 다가가는 이름이었으면 좋겠다 싶었다. 전도의 현장에서 만나는 사람들에게 "소풍 한번 오세요"라고 말하면 거부감 없이 잘 받아주신다.

소풍교회는 2014년 6월에 개척하여 만 10년째 섬기고 있다. 개척하기 전에 익산의 '기쁨의교회'에서 부목사로 10년을 사역하다가, 2013년 미국의 어느 한인교회 청년부 담당 부목사 요청이 있어 이민을 계획하며 비자신청을 했었다. 비자를 기다리며 교회에서 붕어빵 전도와 함께 1년 동안 전도에 집중하였다.

그해 봄철 '40일 집중전도 프로그램'을 진행하며 40일 동안 125명을 교회에 등록시켜 개인 전도 1등을 하기도 했다. 또 제가 섬기는 새가족 교구가 1등을 하여 그 부상으로 담임 목사님으로부터 '터키, 그리스' 성지여행의 비용을 받아 다녀오기도 했다. 그렇게 1년 동안 전도에 집중하며 연말에 192명까지 등록시키기도 했다. 그러는 동안 당시 3개월 정도면 비자가 나오던 것이 뒤늦게 나오면서 미국 이민을 포기하고 개척의 비전을 품고 사임하게 되었다. 2014년 부목사 사임을 하고 개척을 위해 기도하던 중, 익산역 바로 옆에 위치한 한일오피스텔 2층에 70여 평 상가를 얻어 교회 개척을 시작하였다. 보증금 1천만 원에 월세 40만 원, 관리비 25만 원 정도가 들어가는 규모로 시작했다.

자비량 목회

개척을 위해 사임하면서 사역비 없이 중학생 두 자녀(중 3 딸, 중 2 아들)를 돌보는 가장으로서의 책임감이 밀려오기 시작했다. 그때 오전에 4시간 정도 도시락 배달기사 일을 하게 되었다. 1년 정도 하다가 목회에만 전념하려고 그만두었다. 그런데 교회가 위치한 한일오피스텔 관리소장직의 요청이 있어 경제적인 형편과 전도 목적으로 또 일하는 목사가 되었다. 한일오피스텔은 9층 건물에 68세대가 주거하는데 교회에 상주하면서 혼자서 건물 청소와 주차관리, 임대업무와 관리비 고지서 발행, 재정까지 맡아서 했다.

2019년 6월에 교회 예배당을 근처로 이전하면서 부족한 2억 원의 대출을 받았다. 그리고 코로나가 한창이던 때에 교육관 목적의 상가 한 칸을 매입하면서 추가 대출을 받았다. 이런 경제적 부담에 10년째 사역비를 포기하고 자비량 목회를 이어오고 있다. 그러다 보니 지금도 교회 위층에 있는 목욕탕 카운터 아르바이트로 하루 4시간씩 일을 하고 있다. 물론 목욕탕에 오시는 분들과 접촉하며 전도 목적으로 하고 있기도 하다. 자비량 목회를 10년째 하며 목회에 전념하지 못하는 아쉬움이 크다. 하지만 성도들의 삶의 현장을 몸소 체험하는 유익이 있다. 부족한 교회 재정도 채우며, 모든 일터를 전도의 현장으로 살아가려는 몸부림도 치게 된다.

지역을 섬기는 교회

개척하고 전도를 위해 제가 처음 시작한 일이 있다. 그것은 교회

로비에 교우들의 초상화를 그려 붙여 서로 얼굴을 익혀가는 공동체

주변 동네와 익산역 광장을 청소하는 일이었다. 10년 전만 해도 교회 앞 길 건너에 쓰레기 더미들이 많았다. 또 철길 옆 동네라 좁은 골목들이 많았는데 몹시 더러운 상태였다. 그래서 주일을 제외한 매일 아침마다 1시간씩 동네 골목과 익산역 광장을 청소하기 시작했다. 이것이 교회가 지역과 주민들을 사랑한다는 마음의 표현이라고 생각했다. 무더운 여름에도, 손이 시린 겨울에도 꾸준히 섬겼다. 누가 알아주지 않지만 길가의 쓰레기와 잡초들까지 제거하며 열심히 청소했다. 그렇게 3년을 섬기던 중, 동네 주민의 신고로 시장님에게 보고가 들어갔나 보다. 어느 날 익산 시장님에게서 전화가 왔다. "진목사님, 동네를 위해서, 익산역 광장을 위해서 애쓴다고 들

었습니다. 시장으로서 고마움을 표합니다"라는 이야기를 들었다. 그 후 중앙동 동사무소 동장님의 전화도 받고 담당 직원이 찾아와 '모범시민상'을 드리기로 했다며 많은 시민들 앞에서 상을 받았다.

모범시민상을 받으며 체험한 은혜가 있다. 동네 골목을 청소하는 3년 동안 어느 날은 아무도 보는 이가 없었지만 하나님은 나를 늘 지켜보고 계셨다는 사실이다. 그 후에도 교회당을 이전하기까지 5년 내내 그 지역을 꾸준히 섬겼다. 어느 날은 "목사님이 이 동네에 오신 뒤로 동네가 깨끗해져서 좋아요"라고 말씀하시는 분들이 있었다. 또 어떤 분은 청소하고 있는 저를 보며 "목사님, 이번 주에 교회에 나가겠습니다"라고 자진 전도가 되는 분도 계셨다. 교회가 지역을 사랑하고 섬기는 일은 중요하다. 백마디 전도의 말보다 더 강력한 전도의 외침이 된다. 교우들은 매월 마지막 주일, 점심 식사 후에 함께 청소전도를 하면서 익산역 택시 승강장 기사님들께 전도물품과 전도지를 함께 나누고 있다. 그러다 보니 택시 기사님들이 소풍교회를 많이 알아주시고 좋은 소문도 많이 내주고 계신다.

화목한 붕어빵 나눔 전도

개척교회는 전도하지 않고서는 부흥할 길이 없다. 소풍교회를 개척하면서 어떤 집사님께서 붕어빵 기계를 후원해 주셨다. 처음 개척 당시에는 일주일에 4번씩(월, 화, 목, 금) 오후에 전도했다. 그런데 너무 자주 붕어빵을 먹다 보니 붕어빵이 물리는 사람들이 생겼다. 그래서 주 2회로 횟수를 줄였다. 화요일과 목요일 오후에만 하게 되

익산역 광장과 동네 골목 청소 전도하는 교우들

었다. 그래서 '화목한 소풍 붕어빵 나눔 전도'라고 이름 붙였다. 하나님과 죄인들 사이를 '화목'하게 하는 전도라는 의미도 담았다.

우리 교회는 붕어빵 전도를 할 때 남다른 것이 있다. 처음 오시는 분들은 한 마리를 공짜로 드려서 맛보게 한다. 그런데 매번 공짜로 먹다 보면 사람들이 미안해서 안 먹으려 한다. 때로는 피해서 다른 길로 돌아가기도 한다. 그 모습을 보며 생각한 것이 '붕어빵 판매 방식'의 전도다. 판매할 때 대신 몇 마리씩 덤을 얹어 준다. 그리고 따로 준비한 전도 물품, 선물도 나누어 준다. 그러면 호감을 느끼고 다음에 또 오게 된다. 그렇게 몇 번을 더 만나고 얼굴이 익으면 혹시 교회에 다니시냐고 물어본다. 그제야 주보 한 장을 준다.

교회앞에서 매주 화,금요일 붕어빵 나눔 전도하는 성도들

그리고 전도지와 복음으로 교회로 초청한다. 이렇게 붕어빵 나눔 전도를 하면서 가장 조심하는 부분이 있다. 교회에서 전도하는 것이라고 처음부터 표시 내지 않는다. 교회라는 입간판도 안 세운다. 어깨띠를 두르거나 교회 이름이 새겨진 조끼도 입지 않는다. 함께 전도하는 교인들에게도 사람들이 오면 절대로 '목사님, 장로님, 권사님, 집사님' 호칭을 부르지 않도록 한다. 왜 이렇게까지 할까? 전도해야 할 불신자 한 사람을 위해서다. 교회에 다니지 않는 사람은 전도 당하는 것을 많이 부담스러워하고 싫어한다. 본능적으로 피하기 마련이다. 그래서 교회 냄새를 풍기지 않으니 많은 사람들이 교회인지 모르고 편하게 붕어빵을 먹으러 온다. 그리고 준비된 테이블 위에 커피와 요구르트, 매실 등 음료를 준비해 놓고 드시고 가시도록 유도한다. 그때 전도를 위한 의미있는 만남과 대화가 이루어진다.

  붕어빵을 먹는 사람들의 반응이 99%가 붕어빵이 크고 맛있다는 반응이다. 그러니 다음번에 또 찾아온다. 이렇게 저희 교회 붕어빵 전도에는 단골로 찾아오는 분들이 많다. 익산 시내 곳곳에서 찾아온다. 많은 교회가 찾아가는 전도를 한다. 그러나 우리 소풍교회는 사람들이 찾아오는 전도다. 찾아오는 사람을 하나님의 마음으로 따뜻하게 맞이하고 칭찬하고 붕어빵을 넉넉히 나누며 전도의 때를 기다린다. 소풍교회는 이렇게 붕어빵 전도로 오게 된 교인들이 많다. 때로 복음을 직접 말하지 않는다고 답답해하는 성도도 있다. 그러나 더딘 것 같아도 부드럽게 관계를 맺고 이웃이 되면 전도는 더 쉬워진다. 기다림이 필요한 전도이다.

 판매 방식의 붕어빵 나눔 전도는 덤으로 붕어빵 재료비도 수익으로 주시니 개척교회에 전도비가 부담이 되지 않는다. 때때로 타 교회 성도들이 애쓰신다며 후원금도 종종 주고 가신다. 소풍 붕어빵 전도 현장에는 회사나 공장, 병원, 공사현장, 부모님들이나 자녀들에게 간식으로 사다 드리려는 분들이 많이 찾는 편이다. 그 붕어빵을 먹은 분들이 소문을 듣고 또 찾아온다. 그래서 새로운 사람들도 많이 만나고 있다. 그렇다고 찾아오는 사람들만 기다리고 있는 것은 아니다. 우리가 직접 붕어빵을 들고 찾아가 나눠주며 만나기도 한다. 종종 교회 주변 상가에도 찾아가 나눈다. 붕어빵은 싫어하는 사람이 거의 없기에 전도 대상자를 접촉하는 데 가장 무난하지 않을까 싶다.

 개척하면서부터 시작한 붕어빵 나눔 전도를 10년째 하고 있다. 일주일에 두 번씩 반죽과 재료를 준비하고 천막을 치고 걷으며, 붕어빵 기계를 밀고 다니며 겨울의 추위와 싸우는 과정은 치열하다. 하지만 이런 과정을 통해서 두 자녀와 함께 4명이 시작한 소풍교회가 출석 25~30명 정도이며 재적 40여 명의 가족으로 늘어났다.

감격스런 하나님의 큰 은혜

 개척하며 받은 은혜가 많고 참 크다. 개척하고 처음 건물주 부부를 전도해서 잘 나왔다. 그런데 4년 후, 예배당 상가를 팔아야 하니 언제까지 비워달라고 했다. 보증금 1천만 원이 전부인 교회에게 청천벽력과 같은 소식이었다. 기도하며 알아보던 중 100여 미터 떨어진 곳의 상가 3층이 눈에 들어왔다. 실 평수 90여 평에 부가세 포함해서 5억 원 가까이 되는 건물이었다. 하지만 당시 전도된 새가족 위주의 25명 정도 되는 교우들의 헌금으로는 역부족이었다. 포기해야 할지 진행해야 할지 망설이며 5개월 동안 교회 강단에서 밤에 강단기도를 했다. 그러던 중 이런 교회 사정을 모르는 어떤 다른 교회 성도에게서 300만 원의 후원헌금이 들어왔다. 그때 저에게는 계약을 앞둔 시점에 하나님의 응답으로 다가왔다. 거기에 교회당 이전을 위해 제가 사역비를 받지 않고 모았던 적금과 모든 것을 다 쏟아 부어 계약금 4,700만원을 겨우 넘겨주고 계약했다.

계약서를 작성한 다음 날, 공장에 막노동 일을 이틀 동안 가게 되었다. 그리고 그때 받은 임금 30만 원 전액을 교회당 이전 헌금으로 드렸다. 헌금 봉투에 "이 예물이 오병이어의 기적의 예물이 되게 하여 주소서"라고 적어서 헌금했다.

그 후 중도금 4,700만 원을 건네줘야 하는 날은 다가오는데 더 이상 재정이 나올 곳이 없었다. 계약금을 날려야 하는 순간에 제 마음에 결단이 섰다. 임대아파트 보증금 2천만 원을 빼서 드리자는 마음이 들었다. 그래서 아내 몰래 이삿짐 센터에 계약을 하고 아내에게 혼나가며 한일오피스텔 10여 평 원룸으로 이사를 했다. 좁은 원룸에 당시 대학생 두 자녀들과 4명이 잠을 자야 했다. 이사 첫날은 미안해서 가족들과 함께 잠을 잤다. 그런데 비좁아서 잠을 잘 수가 없어 다음날부터 교회로 잠자리를 옮겼다.

임대아파트 보증금을 드리고 붕어빵 전도를 하는데 기독신문사 정재영 기자로부터 전화가 왔다. 붕어빵 전도하는 목사님 교회 소식을 기사로 내고 싶다고 하셨다. 그때 교회 사정을 이야기했더니 그 내용을 기독신문에 실어주셨다. 기사가 나간 뒤, 전국의 교회에서 후원헌금들이 왔는데 순식간에 5천만 원을 받게 되었다. 그렇게 중도금 4,700만 원을 하나님의 은혜로 해결할 수 있었다.

덤으로 그해 아들이 서울대 수의학과에 입학하게 되었다. 방송을 보신 경기도의 모 교회 권사님은 아들에게 6년 동안 매월 후원금을 주겠다고 하셨다. 또 익산의 모 교회, 전주의 의사단체에서도 장학금을 주고 계신다. 이제 졸업반인 아들을 하나님께서 후원자들을 통해서 지금까지 책임져 주시고 있다.

그렇게 기독신문에 소개된 소풍교회 기사를 CTS 방송국 작가님이 보셨나 보다. 목사님의 상황을 방송으로 방영하고 싶다고 했다. 그때 처음에는 용기가 없어 거절했다. 작은 개척교회가 5년 동안 내세울 만한 것도 없고 촬영을 한다고 하니 쑥스러워서 못하겠다고 했다. 그런데 기도하던 중 이것이 하나님께서 일하시는 방법이라면 순종해야겠다는 생각이 들었다. 그래서 촬영을 하고 CTS 방송을 내보내게 되었다.

방송이 나가는 날, 원룸방에서 방송을 보고 있는데 전화가 빗발치듯 오기 시작했다. 방송국으로 후원할 수도 있는데 직접 송금하고 싶다며 계좌번호를 알려달라는 요청들이었다. 멀리는 미국과 캐나다, 캄보디아와 말레이시아 등 세계 여러 곳과 제주도에서까지 전국에서 헌금을 보내주셨다. 그렇게 방송국과 직접 후원해 주시는 분들의 마음이 모여 3억 5천만 원의 헌금이 들어와 총 4억 원의 후원헌금을 받아 잔금을 치렀다. 저와 교우들이 하나님의 살아 계심을 눈으로 보았다. 그리고 하나님께서 전도를 위해 힘쓰는 교회를 얼마나 사랑하시는지 느낄 수 있었다. 지금 생각해도 감사하고 감동이 되며 눈물이 난다.

이 큰 은혜를 체험하며 배운 것이 있다. 방송에 주로 소개된 것이 동네 청소로 전도하는 저의 모습과 교우들과 함께 즐겁게 붕어빵 전도하는 모습이었다. 개척 이후 꾸준히 했던 동네 청소 전도와 붕어빵 전도가 기적의 토대가 되었다. 또한 하나님은 지금까지 사역비 없이 섬기며 임대아파트 보증금마저 드린 것을 잊지 않으셨다. 무엇보다 계약서를 작성한 다음 날 공장 일을 하고 드렸던 30만 원의 예물을 총 4억 원의 후원헌금으로 받는 오병이어의 기적을 베풀어 주셨다. 하나님의 기적에는 헌신과 수고도 빠질 수 없음을 한 번 더 체험했다.

전도중심의 교회

개척하며 교회의 표어로 강단에 붙여놓은 것이 있다. 그것은 '전도 중심의 교회'이다. 무엇을 하든 전도를 생각하며 목회한다. 전도가 목회의 중심이다. 전도에 온 마음을 쏟는다. 은퇴하는 날까지 거리에서 전도하는 목사로 사역하고 싶다.

교회의 예배당을 선물로 받고 3분의 1을 로비로 만들었다. 전도

된 새가족 중 화가 선생님이 한 분 계셔서 그분의 작품들과 성도들의 초상화로 30여 평 되는 로비를 갤러리로 꾸몄다. 지역 주민들과 불신자들이 편하게 들어올 수 있도록 하기 위함이다. CTS 방송을 보고 본 교회에서 시무 은퇴하고 오신 장로님이 계신다. 남은 생애는 소풍교회에서 전도하고 싶다며 옮겨오셨다. 그 장로님은 매주 화장실 청소도 담당하지만, 교회 주보를 중앙시장 상인들 가게에 나누고 계신다.

교회 주보에는 매주 제가 일하며 일상에서 경험하고 느낀 것을 수필식 칼럼으로 글을 써서 전도지 대용으로 쓰고 있다. 또 매주 주보 첫 면에 교우들의 사진을 바꿔서 넣어준다. 교우들은 주보에 관심을 갖게 되고, 전도지로 활용할 때도 신선한 느낌을 줄 수 있어서 좋다. 개척교회가 가장 힘들어하는 것은 썰렁함이다. 예배의 빈자리로 인한 썰렁함, 예배 후 식사를 하는 자리의 썰렁함이 가장 힘겹다. 그래서 예배 후에는 식탁 교제를 나눌 때 식사 봉사자의 정성스러운 음식 외에도 매주 과일과 떡을 상에 올리고 있다. 과일은 10년째 제가 책임져 왔다. 다행히 떡은 지인 권사님께서 매주 10년째 떡 한 박스씩 제공해 주고 계신다. 점심때 교우들과 나누고 남는 것은 예배 후 장결자나 결석자, 전도 대상자들에게 주보와 함께 나누고 있다.

특별히 해마다 봄철에는 교우들과 함께 힘들어도 들판에서 쑥을 캔다. 쑥 절편 떡을 해서 교회 주변 주민들과 전도 대상자들에게 나누며 전도해 왔다. 당장 교회는 나오지 않지만, 우리의 정성과 사랑을 조금씩 조금씩 쌓아가고 있다. 언젠가 마음 문을 열고 교회에 나올 날이 있으리라 믿는다.

붕어빵 나눔과 청소봉사 전도, 떡 전도를 통해 지역 주민들을 지속적으로 섬기다 보니 좋은 관계들도 맺어 가고 있다. 더 나아가 그들이 소풍교회에 대한 좋은 소문들을 내주고 있기도 하다.

완전한 자립을 꿈꾸며

때로 목사가 일하며 자비량 목회를 하다 보니 교우들의 양육과 훈련에 좀 소홀한 면이 있다. 또 소그룹을 세워가야 하는데 아직도 리더 그룹이 잘 세워지지 않아 과제로 남아 있다. 소풍교회가 은행 대출금의 부담 속에서도 하나님의 은혜를 붙잡고 전도에만 힘쓰는 교회가 되기를 계속해서 꿈꾸어 본다. 그리고 전도된 새가족들을 말씀으로 세워가려 한다.

개척 후 10년 동안 전도하는 교회는 망하지 않고 반드시 자립의 길로 나아가는 것을 체험했다. 하나님은 교회 공동체와 영혼을 사랑하며 전도에 힘쓰는 교회를 책임져 주신다. 그런 교회에 특별한 은혜와 기적들을 더욱 베풀어 주심을 지난 10년을 통해서 몸소 체험했다. 이 은혜가 미래자립교회들마다 넘치기를 간구해 본다.

교회여 일어나라
자립의 꿈을 위하여

초판인쇄 2024년 5월 14일
초판발행 2024년 5월 20일

발   행 총회교회자립개발원
편집·제작 총회출판부

주소 서울시 강남구 영동대로 330
전화 (02)556-0179, (02)559-5655(출판국)
팩스 (02)557-0179, (02)6940-9384(출판국)
홈페이지 www.icsis.co.kr

인터넷 서점 www.holyonebook.com
출판등록 제2005-000296호
ISBN 979-11-93071-87-8

ⓒ2024, 총회교회자립개발원
*잘못된 책은 바꾸어 드립니다.